Friedrich Karl Nickel

...alleine war ich nie!

AF191619

Jagdgeschichten aus Oberhessen

bodenständig & erlebt

Band II

Inhaltsverzeichnis

BAND II

Vorwort

Ich über mich in Sachen Jagd ...

Im Frühsommer 1951 wurde ich im oberhessischen Glauberg geboren. Im ländlich, kleinbäuerlichen Umfeld hatte ich von frühester Kindheit an Kontakt zur Natur und den verschiedensten Nutztierarten eines Bauernhofes. Dass der Tod zum Leben gehört, war damals für uns Kinder der Nachkriegszeit oft eine tränenbehaftete Erfahrung aber auch eine unabänderliche Selbstverständlichkeit, denn wir wuchsen im Kreislauf des natürlichen Kommens und Gehens, Saat und Ernte, Tag und Nacht auf.

Noch ein paar Anmerkungen im Vorfeld...

Beim Schreiben meiner Jagdgeschichten und der Zu-
sammenstellung auch dieses Buches stand das Erzäh-
len meiner Erlebnisse aus meiner Perspektive im Vor-
dergrund. Ich verzichte bewusst auf eine chronologi-
sche Abfolge der Ereignisse und besondere Aus-
schmückung des Textes. Vielmehr möchte ich den
Leserinnen und Lesern einfach das Gefühl des Dabei-
seins und Erlebens in den verschiedensten Facetten,
Launen und Stimmungen von mir vermitteln. Gele-
gentliche Einwürfe im Dialekt unterstreichen die Ver-
bundenheit zu Land und Leuten, eben Heimatnähe
und Bodenständigkeit. Auch habe ich in diesem Band
noch hintergründige (Schmunzel)Weisheiten in ande-
rer Schriftform eingefügt. Erklärungen zur Waid-
mannssprache fehlen auch in diesem Band absicht-
lich und sollten zum Nachfragen anregen.

Natürlich sollen diese Zeilen in erster Linie der Un-
terhaltung dienen, wobei in diesem Wort aber auch
„Haltung" steckt. Keinesfalls möchte ich jedoch be-
lehrend und überheblich erscheinen, wenn ich viel-
fach erprobte und gelebte Tricks zur Jagdpraxis gebe.
Es ist ein Privileg der gereiften Jahre mit Gelassen-
heit gemachte Erfahrungen an die nachfolgende Ge-
neration weiterzureichen, eigentlich aber auch in der
Hoffnung, dass sie beherzigt oder zumindest teilwei-
se respektiert werden. Man möge mir aber auch ver-
zeihen, wenn ich zu einigen Erlebnissen und Fakten
etwas gereizt wirke, denn nur Herzensangelegenhei-

ten erzeugen Emotionen. Die mit Hingabe und teils auch mit einer Prise humoristischen Schalks verfassten Beiträge geben meines Erachtens guten Einblick in eine jagdliche Zeit und Denkweise, die heute für manchen unvorstellbar und oft sogar jenseits von Gut und Böse ist. Somit ist nun hinreichend geklärt, dass es auf meiner grünen Weste mit Sicherheit auch einige dunkle Flecken gibt!

Ich werfe nicht gerne mit Prognosen um mich, aber ich beobachte seit einer geraumen Weile mit Skepsis und tiefen Sorgenfalten in der Stirn die neuerlichen Jagdmethoden, bei denen mit Wärmebild und Nachtsicht das Wild angegangen wird. Es kann für den Moment zwar sauber erlegt werden, aber die Spätfolgen dieses Jagens sind in meinen Augen schon jetzt absehbar. Durch Jagddruck und die ständige Vergrämung durch menschlichen Gestank zu allen Tages- und Nachtzeiten in den entlegensten Revierteilen und dem damit einhergehenden Stress für unser Wild werden natürlich und **erfahrungsgemäß** eine Anpassung zur Folge haben. Bewiesen wird meine Auffassung schon jetzt seit der Legalisierung von „Nachtsicht" durch deutlich zurückgegangene Streckenzahlen bei unserem Schalenwild, mit einem drastisch verändertem Fluchtverhalten desselben und auch durch einschlägige Studien.

Auch die „moderne" Intervalljagd wird daran nichts ändern. Innerhalb dieser wenigen jagdfreien Wochen vergisst unser Wild nicht und wird ebensowenig wieder vertraut!

5

Außerdem, was höchst bedauerlich ist, wird die „hohe Kunst" des Jagens in kurzer Zeit verloren gehen, wenn wir uns von der Technik sagen lassen, wo sich Reh, Hirsch, Sau, Waschbär, & Co. gerade aufhalten. Unser Wild reagiert äußerst empfindlich auf permanente Störungen in seinem natürlichen Lebensraum, stellt sich um, wird noch heimlicher und sucht nach Ausweichmöglichkeiten..... und die wachsen mit den sich umformenden und auch klimabedingt neu gestaltenden Wäldern unsrer Heimat...!

Ein Lösungsansatz dieses Problems wäre: Diszipliniertes Maßhalten gemäß dem alten Sprichwort: „Wenn es am besten schmeckt ....!" und nach alter Väter Sitte sich vor Ort und dem Jagen ein relativ genaues Bild der Revierverhältnisse, der Schadensflächen, der Standorte der Reviereinrichtungen und über Wind und Wechsel zu machen, dann auf den vier Buchstaben hocken bleiben und möglichst wenig Unruhe stiften, pirschen oder Wild angehen. Natürlich kann es in diesem Fall auch passieren, dass der Kühlschrank schon mal leer bleibt. Aber auch das ist Jagd. Wieder ein Spruch der Altvorderen: „Zwölf mal zieht der Jäger aus, elf mal kommt er leer nach Haus!"… muss nicht unbedingt, kann aber sein!

Auch musste ich im Laufe meiner mittlerweile doch zahlreichen Jägerjahre immer wieder und oftmals auch schmerzlich erkennen, dass nichts beständiger auf diesem Erdenrund ist, als bösartiger Neid und hinterhältige Missgunst, auch in „grüner" Weltanschauung und Naturverständnis. Man muss auch nicht unbedingt die Jagd wieder neu erfinden, und hier und da war und ist bei mir, wie schon oben erwähnt, die Fünf gelegentlich mal eine gerade Zahl. Nicht jede politisch gefärbte Verordnung, speziell in Sachen Jagd, ist in meinen Augen auch unbedingt einhaltenswert. Ferner habe ich festgestellt, dass es am vorteilhaftesten im Miteinander ist, die Fähigkeiten anderer anzuerkennen und vermeintliche Fehler des Gegenüber zu einem gewissen Grad zu akzeptieren und zu respektieren, keinesfalls ihm aber oberlehrerhaft zu begegnen. Eine Partnerschaft auf Augenhöhe ohne Frage nach Bildung und Stand führt zu bestem Einvernehmen in der Sache. Von einander Lernen wollen ist ein gesundes und solides Fundament für die Lebensschule und dauerhafte, natürlich auch jagdliche Freundschaften.

Es macht mich aber traurig, dass ich nachfolgenden Generationen den besonderen Reiz z. B. eines nächtlichen Ansitzes bei Mondlicht hinter Wolken nur vermitteln, empfehlen und beschreiben kann. Dieses Erleben, diese Gespanntheit, jedes Geräusch zu deuten, und sei es noch so gering, das Fallen eines Blattes, das Rascheln einer Maus bis hin zum „berühmten" einmaligen Knack eines Ästchens, der das (erhoffte) Anwechseln einer Sau in Aussicht stellt, ist es wert, aufgesogen zu werden. Fantasiegebilde wechseln sich dort oft mit der Realität ab. Das schlechtere Sehen im Streulicht wird durch besseres Hören ausgeglichen. Kopfkino, so ein modernes Wort dafür. Es bedarf aber einiger Übung! Das Spiel der Sinne, das Spiel der Natur mit uns, zeigt immer wieder, dass andere Geschöpfe uns zumindest ebenbürtig sind. Dies zu erkennen und die eigene Ohnmacht zu akzeptieren ist ein erster Schritt zur waidgerechten Jagd.

Vom ersten Gedanken „...schreib mal auf...!" bis zur Fertigstellung meiner Bücher sind einige Jahre ins Land gegangen. Wenn dann aber irgendwann eine Leserin oder ein Leser hin und wieder diese Seiten nachdenklich, eventuell schmunzelnd und auch vielleicht sich selbst erkennend, sinken lässt, hat sich der Aufwand gelohnt, denn Engel sind wir alle nicht... und draußen niemals alleine!

Friedrich Karl Nickel
Februar 2025

Erzählen ist kein
Stochern in der Asche,
sondern das
Bewahren der Glut!

1. Ästchen

Das gekonnte Ausasten von Ansitzeinrichtungen gehört zur Revierpraxis und ist enorm wichtig! Nachlässigkeiten rächen sich meist bitter und haben sehr oft einen leeren Wildkühlschrank zur Folge. Es gilt aber auch hier das Wort des ehemaligen Wirtschaftsministers und späteren Bundeskanzlers mit der dicken Zigarre: „Maßhalten!"

Verflixter Ahorn

Kaulstoß, kurz nach der Jahrtausendwende, ich sitze am Waldrand über dem Hillersch. Ein guter, alter Bock mit hohen Spießen, gerade so passend für den Jagdaufseher, tritt kurz vor Schwinden des Büchsenlichtes links neben mir aus. Nervös äst er am Bestandesrand. Wahrscheinlich ist der Platzbock in der Nähe. Endlich gibt er mir das Blatt frei. Der Schuss bricht… und der Bock geht ab! Eigentlich bin ich doch sehr gut und ruhig abgekommen. Also nichts wie hin und genau überprüfen! Die Hoffnung auf einen hohen Kammerschuss verfliegt rasch, denn am Anschuss ist außer den Eingriffen (durch Schreck entstandene Schalenausrisse im weichen Boden) des Gehörnten nichts zu finden. Auch am nächsten Morgen bei der Kontrollsuche zeigt mir Hexe weder Schweiß noch Schnitthaar, nur offensichtlich gelangweilt die Gesundfährte des Bockes. Zur Überprüfung der Situation begebe ich mich nochmal auf die Kanzel und sehe in knapp drei Meter Entfernung ein frisch abgeknicktes, halb fingerdickes Ahornästchen in der Visierlinie Richtung Anschuss. Dieses mickrige Ästchen genügte, um die 30-06 in die Botanik zu senden.

Diesen Bock legte ich vier Wochen später fast an gleicher Stelle auf die Decke; von einer alten Schussverletzung gottlob keine Spur!

Des Menschen Wille...

Hirschfieber beutelte das gesamte Revier, und das ist hoch ansteckend! Am Waldrand in Richtung Kreisstraße wurden viele kleine Acker- und Gartenparzellen überwiegend von Feierabendbauern mit etwas Vieh bewirtschaftet. Auch ein kleiner Luzerneacker war dabei. „Wenn du einen guten Bock schießen willst, setz dich an den Klee!", so die Altvorderen. Aber auch durch die Vielfalt der Ackerfrüchte und der mannigfachen Nutzung sind solche Flächen ausgesprochene Wildmagneten. So war es auch nicht verwunderlich, am Altbuchenbestand eine sehr hohe Ansitzleiter zu finden. Warum dieses Monstrum Hexe genannt wurde, weiß ich heute nicht mehr. Jedenfalls war das Besteigen schon recht abenteuerlich. Unser kleiner, etwas wohlbeleibter Beständer setzte sich dort an. Es kamen tatsächlich auch Alttier, Kalb und ein Rotspießer noch bei gutem Licht. Adolf kochte vor Wut, kam er doch wegen der tiefhängenden Äste nicht zu Schuss.

Natürlich war die anschließende Debatte über diesen Vorfall ziemlich heftig und es waren einige Rhönbiere vonnöten, um den Hader abzutöten. Ausasten, so hieß der Arbeitsauftrag für den kommenden Morgen. Mit Brummschädel, Sägen an Teleskopstangen, Leitern und sonstigen Werkzeugen kamen wir gehörig ins Schwitzen. Eigentlich hätte der Schweiß noch schaumig sein müssen, Anbetracht des immensen Bierkonsums vom Vorabend...! Mit den heutigen akkubetriebenen Hochentastern wäre dieses Unterfangen eine Kleinigkeit gewesen.

Adolf saß auf dem Hochsitz und gab an, welche störenden Äste entfernt werden sollten. Hubert, Helmut und ich führten die Wünsche des Jagdherren aus. Nach einiger Zeit war das Schussfeld (fast) frei. Ein, doch sehr großer Ast befand sich noch an einer Randbuche. Den lassen wir, der Deckung wegen, und man kann doch nicht so viel wegnehmen, wie sieht das denn aus? so die Argumente vom Chef. Dieser Ast hing teilweise vor dem Kleeacker und wir Jagdhelfer verstanden die Welt nicht mehr. Aber, des Menschen Wille sei sein Himmelreich! ..... Er war der Chef!

Der Abendansitz ergab keinen Anblick, zu sehr hatten

die Jagersleut gehaust. Die Wechsel hatten wir aber schon mal vom Baumschnitt befreit. Zwei Tage später sitzt Chefchen wieder am Kleeacker. Auch der Rotspießer kommt, aber ein Schuss bricht nicht...? Der Hirsch stand zwar am Ackerrain, aber dieser einzelne Ast zwischen Boss und Hirsch vereitelte erneut den Jagderfolg. Das Spießerchen wurde nie wieder gesehen. Vielleicht war Adolf doch etwas zu laut? Die Leiter hatte aber von nun an den Namen „zum Adolfsast!"

Die Platzierung eines Hochsitzes am Waldrand mit tief hängenden Ästen versuche ich tunlichst zu vermeiden, auch des überkippenden Windes wegen. Empfehlenswert ist ein knapper Büchsenschuss entfernter Standort im Feld, auch wenn er zum Morgenansitz nicht so günstig ist. … aber Morgenstund hat …. im Bett auch etwas für sich!

Thorsten hatte den Saum seines Jungwaldes zur Alfred-Schäfer-Wiese hin sauber gemäht, entbuscht und geastet. Auf dieser Wiese gingen die Schweine nächtens arg zu Schaden. Frühansitz war angesagt, zumal ich mit gutem Wind leise von der Hütte aus angehen konnte. Im ersten Dämmerlicht eilten die Schwarzkittel dem Bergwäldchen zu. Schießen wäre am Bestandesrand noch möglich gewesen, aber ... ein einziges belaubtes Ästchen als Sauenretter hing in der Visierlinie! - Super! - Die Kugel blieb im Lauf.

Nussbaum

Ende Januar ging ich mit geschulterter Blaser bei angenehmer Wintersonne zum „Laaschder Nessbaam". Der Abschussplan gab noch ein Reh her, brauchen könnte ich es auch noch, also probieren wir es! Ich sitze bequem oben auf der Hochsitzbank und observiere in die Runde. Zum Rand des steil abfallenden Hanges, genannt „Judenfriedhof", sind es etwa 35 Meter. Er besteht u.a. aus einer riesigen Schwarzdornhecke. Halblinks, in kurzer, aber momentan nicht erreichbarer Entfernung von mir, so auf 10.00 Uhr, ragte eine einzelne Brombeergerte mit drei Blättchen an der Spitze aus dem Heckenstreifen, in dem meine Kanzel stand. Herrgottsakra, dieses Scheißding wird doch am Ende nicht im Weg sein? Hingehen und Abschneiden war der Störung halber zu diesem Zeitpunkt natürlich nicht ratsam. So konnte ich nur hoffen...!

Es kam, wie es kommen musste: Eine gute Geiß trat mit ihren beiden Kitzen aus der Hecke vor mir aus. Sie begannen in der Wintergerste zu äsen. Das

Geißkitz war recht stark, sollte also leben. Anders das Brüderchen, deutlich schwächer - die Entscheidung war getroffen! Aber so leicht stirbt es sich nicht. Längst war die Waffe schussbereit auf der Brüstung. Spitz von hinten äst es sich von mir weg und steht vor oder hinter einem anderen Stück, auf alle Fälle aber nicht so, wie ich es gerne hätte. Wenn das Böckchen dann breit steht, ist ständig dieses vermaledeite Ästchen mit den Blättchen im Weg. Dann wieder spitz, es ist zum ... naja! So geht es eine ganze Weile. Vorsichtshalber hatte ich Stöpsel in meine Gehörgänge gesteckt; man ist ja ruhiger bei der Schussabgabe...! Während ich so auf eine gute Position des Stückes warte, löst sich der linke Ohrstöpsel etwas. Die Blaser bleibt grob im Anschlag, die rechte Hand hält die Waffe, der Zeigefinger ist gestreckt am Abzugsbügel. Mit der linken Hand wird der Ohrstöpsel korrigiert. ...Bautz....! Ich war trotz aller Vorsicht irgendwie an den feinen Abzug gekommen und meine Rehe empfahlen sich leicht irritiert aber gesund. Kratzen am Kopf war angesagt, verbunden mit den besten Segenswünschen, vor allem an meine Person, ob des frevelhaften Leichtsinns!

31. Januar, letzter Versuch an gleichem Ort: Regen, Wind, nasskalt! Das Böckchen wollte ich schon noch haben. Rechtzeitig war ich da, natürlich mit großer Astschere in der linken Hand und die Bbfl. rechts geschultert. Es sollte alles passen! An dem Kanzelchen angekommen, stellte ich die Waffe an den Leiterholm, um beide Hände für die Schere frei zu haben.

Trotz leisem Abknipsen einiger Ranken konnte ich aber besagte Dornenranke immer noch nicht erreichen. Als ich aus dem Gehölzstreifen rückwärts heraustrete um mich in eine bessere Schneideposition zu bringen, gewahre ich zwei Rehe, die auf gute Schrotschussentfernung in der Heckenverlängerung auf den Sturzacker rückseitig gerade ausgetreten waren. Das Bockkitz ist dabei und stand gut. Mein Gewehr war zwar nur zwei Meter entfernt, war aber unerreichbar, wurde ich doch argwöhnisch vom Wild beäugt. Regungslos verharren, egal wie, heißt jetzt die Devise! Es ist kalt, die Minuten schleichen, nur keine Bewegung jetzt..!

Endlich ziehen beide wieder vertraut zurück in die Hecke. Ich kann jetzt in aller Ruhe leise den blöden Dornenast von der anderen Seite aus kappen. Zufrieden erklimme ich danach den Hochsitz und sitze … eineinhalb Stunden vergebens! Es ist mittlerweile fast dunkel, sauberes Ansprechen nicht mehr möglich und die Schonzeit beginnt um 0.00 Uhr und legt damit ihren Mantel schützend über die Rehe. Das war es wieder einmal...!

2. Orla

Mein Deutsch Kurzhaar „Gustav" wechselte überraschend schnell im 10. Feld in die „Ewigen Jagdgründe". Dringender Ersatz wurde nötig, wobei mir die Rasse eigentlich egal war. Möglichst pflegeleicht mit Stock- oder Kurzhaar wäre mir angenehm. Von einigen Drahthaarleuten unserer Region wurde mir ein Wurf in Nordhessen empfohlen. Nach einem kurzen Telefonat dahin machte ich mich vertrauensvoll auf den Weg. Der Züchter hatte noch zwei Welpen im Zwinger liegen. Die kleine Hündin gefiel mir gut, und wir wurden handelseinig. Auch die Ahnentafel sah vielversprechend aus und sollte mir nachgereicht werden. „Orla vom S." war mein Hund. Sie

16

entwickelte sich zum sensiblen Schmuser und wir nannten sie „Otti".

Nach einigen Wochen schickte mir der Züchter die Originalpapiere per Post. Daraus ging eindeutig hervor, dass Otti aus einer Geschwisterpaarung stammte. Ich wurde mit falschen Papieren im Vorfeld getäuscht. Vielleicht war es Habgier oder böswillige Psychologie des Züchters, bei dem das Gewöhnen der neuen Besitzer an den „süßen" Welpen ohne nachfolgenden Regress im Vordergrund stand. Ich beließ es auch dabei, denn Otti ließ sich eigentlich gut an. Allerdings kam im Gespräch mit - ebendiesen - „regionalen" Drahthaarleuten heraus, dass dieser Züchter im Verband keinen guten Ruf hatte! Demzufolge wurde mir der letzte Drahthaar vermittelt und das Vertrauen in diesen Zuchtverband, zumindest regional, mächtig erschüttert! Insgesamt hatte sie recht weiches Haar und ging vom Aussehen her eher in Richtung Pudelpointer. Natürlich strebte ich aufgrund der verständlichen Gründe, um nicht arglistige Täuschung zu sagen, keine Prüfungen mit Otti an.

Noch als Welpe legte ich ihr einmal versuchsweise im Revier eine kurze Kaninchenschleppe zur freien Suche, einfach um zu sehen, was die Kleine daraus macht. Zufällig kam einer dieser Drahthaarleute dazu. Otti fand sofort sicher, nahm das Karnickel auf und wollte es für spätere Zeiten einbuddeln. Dieses Verhalten ist für mich vollkommen normal, Wölfe und Wildhunde machen es nicht anders. Der „Hundesachverständige" verlangte sofortige Eliminierung dieses Welpen. Zuchtauslese nannte er das. Natürlich entsprach ich nicht seinem „Wunsch" und im Vorgriff kann ich schon sagen, dass Otti ein verlässlicher Verlorenbringer und Stöberer wurde. Dieser Hundekenner behauptete auch einmal gesehen zu haben, dass ich eine „fremde" Frau neben mir im Auto gehabt hätte und wäre mit ihr im „Wald" gewesen. Wuschel Otti saß auf dem Beifahrersitz und reckte den Kopf hoch, damit sie sehen konnte, was denn außen so los war. Jener Mitjäger war ein „Traum"...!

Korrektes Apportieren will gelernt sein und kostet einiges an Mühe. An einem Sonntagnachmittag ging ich mit Otti an unsere Nidder, um das Bringen aus dem Wasser zu üben. Wieder und wieder warf ich die Ente an einer Schnur ins Wasser und befahl Otti das Bringen. Nichts klappte zufriedenstellend. Irgendwann war ich es satt, und warf die zerknautschte Ente für den Fuchs erneut, aber diesmal ohne Schnur und mit einem erweiterten Götzzitat ins Wasser. Otti ging nun frei bei Fuß neben mir Richtung Heimat. Nach einigen Metern kehrte sie spontan um, flitzte zum Wasser zurück, sprang rein und kam mit der Ente zu mir. Großes Lob meinerseits. Fortan klappte diese Übung auch ohne Kommando und im Jagdbetrieb.

Bei uns zuhause war ihr Reich die Scheune und der Hof. Die Wohnung hatte meist die jüngere „Hexe" im Beschlag. Selten kam es zum Kompetenzgerangel zwischen den beiden. Otti wollte aber auch zu mir auf den Hochsitz. Der kleine Terrier wurde hoch getragen. Unten sitzen war immer öde für sie, und ich lud sie eines Tages von einen niedrigen Drückjagdbock aus ein, einfach hoch zu kommen. Dies gelang ihr auf Anhieb. Jede Hochsitzleiter, egal welche Höhe, wurde nun spielend erklommen, aber abwärts musste sie getragen werden. Diesbezüglich stellte sich aber auch bald Routine bei uns ein. Ich stand auf der Leiter so, dass mein Oberkörper ein Stück über den Kanzelboden reichte. Otti legte beide Vorderläufe bequem über meine rechte Schulter und hielt sich fest. Meine rechte Hand fasste sie an der Rutenwurzel und schon ging es abwärts. Unten erfolgte ein eleganter Absprung zum Boden.

Irgendwann vermisste ich Mylady schon mehrere Stunden in unsrer Hofreite. Nichts von ihr regte sich. Viel später hörte ich sie kurz fiepen, schaute dem Ton nach hoch und gewahrte sie oben auf dem Heuboden. Jetzt war sie wohl durstig und wollte wieder runter. Ich hatte die Leiter dahin irgendwann angelehnt, aber dann nicht mehr entfernt. Otti nutzte es aus und verschlief einen halben Tag bei Mäuse- und Katzenduft im alten Stroh.

Für Töchterchen Sina hatte ich am Unterzug über der Tenne eine kräftige Schaukel installiert. Ab und an saß auch ich gerne darauf. Es ist einfach herrlich, so an langen Seilen durch die Luft zu schweben. Sobald Otti bemerkte, ich sitze auf der Schaukel, kam sie an, kletterte auf meinen Schoß und wollte mit mir schaukeln. Das war für sie das Allergrößte; und auch eine Art des Kontaktliegens.

Vielfach wurde ich als Hundeführer und Durchgehschütze zu diversen Bewegungsjagden eingeladen. So auch mit weiteren Hundeleuten in einem Taunusrevier. Die Jagdgesellschaft war vom Edelsten gewandet und bewaffnet. Sauen wären aber diesmal nicht zu erwarten. Otti und Hexe sagten mir etwas anderes. Sie jagten sehr scharf an vier Überläufern, und verließen mit den Sauen das Treiben. Natürlich war ich damals nicht im Besitz eines GPS-Gerätes, wie sie heute gang und gäbe sind. Ich brach das Jagen nach einer geraumen Wartezeit ab, sagte der Jagdleitung Bescheid und suchte meine Hunde. Hexe fand ich nach längerem Bemühen eher zufällig am Rand einer stark befahrenen Bundesstraße sitzend. Gott sei Dank, wenigstens schon mal eine...!
In meiner Verzweiflung führte ich dann auch ein Te-

lefonat mit der Polizei. Es hätte ein Bahnunfall mit einem braunen Jagdhund gegeben, der zuständige Förster wäre informiert, wurde mir mitgeteilt. Diese Nachricht war alles andere als beruhigend. Nach telefonischer Absprache traf ich mich mit dem Forstmann an einem Bahnübergang. Wir gingen die Gleise ab. Nach einer Weile brachen wir die anscheinend falsch angegebene Richtung ab und suchten entgegengesetzt. Hier in der offenen Landschaft hätten die Sauen auch eher durchwechseln können. Immer wieder rief und pfiff ich nach Otti. Nach gut zwei Kilometern erschien uns auch hier die Suche nicht erfolgversprechend. In der Kehrtwendung entdeckte ich Ottis Signalhalsung mit Namen und Handynummer abgerissen zwischen den Bahnschwellen. Ich rief sie erneut. Unten am Bahndamm teilten sich die Brennnesseln und Otti kroch langsam hoch. Ich trug sie die gesamte Strecke bis zum Auto, bedankte mich beim Förster und fuhr nach Hause. Der Tierarzt untersuchte Otti gründlich. Gebrochen war nichts, lediglich eine Schürfwunde an der Flanke blutete etwas. Ansonsten hatte sie aber heftige Prellungen. Alles in Allem hatten wir großes Glück.

Dem Usinger Förster brachte ich in der folgenden Woche zum Dank für die selbstlose Hilfe noch ein paar deftige Spezialitäten aus unserer Region. Von der noblen Jagdgesellschaft kam aber weder die Frage nach dem Verbleib der Hunde noch ein Danke für den Einsatz. Sie sahen mich auch nicht wieder. Solche Menschen brauch ich nicht.

Ich hatte am „Schlängelweg" eine Sau beschossen und nahm Otti an den Schweißriemen. Meine launische „Große" hatte nicht so richtig Lust zum Suchen und faselte gelangweilt. Das lag vermutlich an der vor Tagen beendeten Hitze. Karli mit seinem BGS leistete Schützenhilfe und fand nach ca. 200 Metern das Wutzchen. Natürlich freuten wir uns darüber und genehmigten uns ein Schlückchen bei der Sau im Körbchen und regem Austausch von Jagdstrategien und -erlebnissen. Schließlich kannten wir uns schon von Jugend an. Unsere Hunde waren selbstverständlich um uns. Ottis vergangene Läufigkeit war kein Thema mehr und mittlerweile aus den Köpfen. Unabänderlich und mit Schrecken sahen wir kurz darauf, dass sie hingen…! Der Wurf daraus ergab sechs Welpen, von denen sich „Jule", der Liebling meiner Frau, Hexes Körbchen und das Sofa aneignete.

Denke nie gedacht zu haben, denn das Denken der Gedanken ist gedankenloses Denken!

3. Beuringe

Die Erlebnisse in diesem Revier gehen Hand in Hand mit dem damals zuständigen Jagdaufseher Hennes, ein Bürokrat vom Feinsten. Als Spätberufener und Neuerfinder der Jagd mit zwei „linken" Händen erlebte ich mit ihm doch einiges Kurioses. Aufgrund seiner nervigen Prognosen über Gott und die Welt nebst Besserwisserei in sämtlichen Bereichen hatte er auch kaum jagdlichen Anschluss. Lediglich eine bescheidene Jagdaufsehertätigkeit ohne amtliche Bestätigung wurde ihm im Rahmen der Wildschadensverhütung übertragen. Er hörte wahrscheinlich über die Buschtrommeln, dass ich in dieser Sparte ein glückliches Händchen hätte, und auch den Finger zu krümmen wusste.

So kam es, dass ich als Gastjäger in diesem Revier von ihm an einen Haferacker gesetzt wurde, in dem die Sauen erheblich zugange waren. Die wackelige und unbequeme Leiter (besser Missgeburt) von geringer Höhe, stand mittig am steil ansteigenden Bahndamm. Eigentlich hätte ein waagrecht eingelassenes Brett zum Sitzen in der steilen Schräge des Abhanges und der Bergstock genügt (Skizze 133). Von dieser erhöhten Warte aus konnte ich die Wechsel und Schadensflächen gegenüber im seicht nach Westen hin ansteigenden Feld gut einsehen. Noch in den letzten Sonnenstrahlen zog eine gemischte Rotte, wahrscheinlich irgendwo aufgemüdet, schnell von oben her spitz auf mich zu. Es wäre zu schön gewesen, hätten sie einen Moment im Hafer verhofft. Pustekuchen! Ziemlich flott kamen sie aus dem Getreide unter mir, querten den Feldweg und kamen direkt an dem Leiterunikum vorbei. Die Auflage nach vorne war nun viel zu hoch und insgesamt konnte ich mich auch nicht gut stellen, drehen oder wenden. Nachdem zwei Bachen mit gefühlten fünfzehn größeren Frischlingen auf Beinahetuchfühlung an mir vorüber waren, gelang es mir tatsächlich, die Bbfl. endlich neben mir durchzustecken und quasi aus der Hüfte seitwärts auf Armlänge die letzte Sau zu erlegen. Eigentlich kam es einer Erschießung aus Nothilfe sehr nahe, und war, gelinde ausgedrückt, eine Hinrichtung...! Im Knall verendete der Überläufer, rollte wieder den Abhang hinunter und blieb, zum Abtransport bereit, am Wegrand liegen. Der Wildschaden war wenigstens für diesen Tag abgewendet.

Damit ist die Geschichte aber noch lange nicht zu Ende! Hennes war, anstatt anzusitzen, lieber auf Schürzenjagd in einer nahen Kneipe. Auch da klopfte er mächtig Sprüche. Auf meine telefonische Vollzugsmeldung - ich hatte mein erstes Handy - kam er dann sichtlich angetrunken in einer riesigen Staubwolke zum Ort des Geschehens. An seinem grünen Jimny hatte er vorne an dem damals üblichen und protzigen Rammschutz mit einem schwachen Kettchen notdürftig, die Betonung liegt auf „dürftig", ein Wellengitterstückchen - Zitat: „der weltbeste Wildträger" - befestigt, auf dem dann das Wutzchen von (nicht aufgebrochen) geschätzten 55 kg zur Wildkammer transpor-

tiert werden sollte. Mein bewährtes Körbchen igno-
rierte er einfach, ebenso den diskreten Hinweis auf
die Labilität seines Konstruktes.

Die Unterfangung des Sauentransportes hätte bei
langsamer und bedächtiger Fahrt auf den holprigen
Feldwegen vielleicht auch noch gelingen können,
aber der Kollege raste wie bekloppt. An einer tieferen
Wasserrinne quer zum Weg sprang das Autochen
aufgrund des hohen Tempos und des sehr kurzen
Radstandes hoch in die Luft, um dann unsanft wieder
auf dem Feldweg aufzuschlagen. Das
Befestigungskettchen des Wildträgers konnte nur
noch, dem Gesetz zur Trägheit der Masse folgend,
abreißen. Träger mit Sau klappten nach unten ab und
wurden überrollt. ... Jetzt kam doch noch mein vorher
verschmähter Wildkorb auf der Anhängerkupplung
unter Fluchen zum Einsatz.

An der Wildkammer angekommen, musste ich zuerst
die Aufbrechanlage bewundern. Dies war ein
einfacher, mit Fleischerhaken versehener Gerüstbock
mit Zahngestänge zum Hochkurbeln, wie er auf
Baustellen üblich ist. Man konnte zwar fast hängend
aufbrechen (sehr löblich), aber es fehlte an allem,
besonders an Höhe und Wasser. Mit einem sehr
langen Schlauch unter Öffnen einiger Türen und
lautem Zurufen hätte dann der Waschvorgang
beginnen können. Da ich als Erleger selber
aufbrechen wollte, war ich natürlich am Auslassende
der flexiblen Wasserleitung. Gluckern und Luft kam
durch die Schlauchbewegung an, aber kein Wasser

zur Reinigung der, wegen des „Autounfalles", ziemlich verschmutzten Sau. Wir tauschten die Plätze, und ich ging an der teilweise verdrehten und abgeknickten Leitung entlang zum Hahn - besser zu den Hähnen, es waren zwei! Schnell wechselte ich den Schlauch zum anderen Hahn, drehte auf und entfernte die Knickstellen. Das Wasser suchte sich mit Druck seinen Lauf. Schreie und erneutes Fluchen um ein paar Ecken auf der anderen Seite! Hennes hatte abwechselnd in den Schlauch gehört und geschaut, ob Wasser kommt!

Beuringer Frääsch

Nachsuche

Ich sitze mit einfachem Pirschstock auf meinem Sitz-stühlchen bei gutem Wind an einem großen, welligen, abgeernteten Maisacker, der zum knappen Drittel von den Sauen geplündert wurde. Im aufgehenen Mond sehe ich urplötzlich und wie hingezaubert drei Frischlinge in Küchenschweingröße hastig und voller Hektik nach Bruchmais suchen. Wieder einmal hatte sich bewahrheitet, dass Sauen und Rehe „Höhlenbewohner" sind. Urplötzlich stehen sie auf dem Plan, und man fragt sich trotz aller Aufmerksamkeit, woher sie kamen.

Ich versuchte ihnen pirschend den Weg abzuschneiden. Es gelang, und ich lasse kniend, am Haselstock angestrichen, fliegen. Deutlich vernahm ich den Kugelschlag! Ich weiß, eigentlich kann das gar nicht sein, aber es hörte sich so an, als träfe eine Dachlatte mit der Breitseite auf einen Getreidesack. Ich war mir aber sicher, hochblatt abgekommen zu sein. Der Anschuss zeigte mir etwas anderes.

Unmittelbar vor der Sau durchschlug das Geschoss einen Maisstoppel, den ich bei der Schussabgabe natürlich nicht sehen konnte, und zerlegte sich vielleicht dadurch. Wahrscheinlich drangen dann Geschossreste in das Gescheide. Das Ergebnis davon war, meine, auf Schweiß relativ firme Terrierhündin Hexe an den langen Riemen zu nehmen und nach gehöriger Wartezeit zur Fährte zu legen.

Zügig ging sie auf der Wundfährte mit spärlichem Darminhalt in Richtung einer recht großen Schwarzdornhecke. Dort angekommen, vernahm ich deutlich leises Rumoren von Sauen und das tiefe Mahnen der Leitbache, die ich wahrscheinlich aufgrund der Bodenwellen auf dem Acker nicht bemerkt hatte. Hexe sagte mir das überdeutlich und wollte geschnallt werden. Natürlich ging das nicht. Also erneutes Warten. Zwischenzeitlich hatte ich Jagdaufseher Hennes alarmiert und ihm die Situation geschildert. Auch sollte er sich möglichst lange Zeit lassen, ... der größeren Probleme wegen!

Da die Sauen in der Hecke meinen Wind hatten, stahlen sie sich allmählich in die andere Richtung davon. Jetzt konnten wir weiter suchen. Mit griffbereitem Revolver, Taschenlampe und Hexe am kurzen Schweißriemen arbeiteten wir uns durch viele Widergänge in dem doch Gott sei Dank nicht allzu dichten Geäst. Endlich war der Abgang gefunden. Auch Hennes traf nun bei uns ein. Sofort wollte er das weitere Geschehen feldherrenmäßig anordnen, aber ich gab ihm unmissverständlich zu verstehen, dass der Nachsuchenführer in diesem Fall die Jagdleitung hat. Er hatte gottlob Einsehen und blieb im angemessenen Abstand und zum Glück ohne Waffe hinter mir. Wir folgten der Fährte annähernd weitere 400 Meter mit immer wieder mal schmutzigem Schweiß, von Hexe gezeigt. Es ging über die Bahngeleise, ein Stück darauf entlang und dann steil bergan wieder in eine dichte Hecke. Ich kroch auf dem Bauch in einem Sauentunnel auf der Wundfährte, Hexe wurde laut und Hennes fluchte. An einem Stacheldrahtrest hatte er sich in das Hosenbein der weltbesten Jagdhose eine große Sieben gerissen.

Vor mir brach die Wutz schwer krank weg, wie ich kurz im Schein der Lampe sehen konnte. Auch hing mittlerweile ein großes Stück Darm seitlich heraus.

Ich schnallte liegend Hexe. Etwas weiter oben auf einer flacheren Streuobstwiese stellte die Hündin die Sau. Beim Angehen mit aus der Hecke kriechend, wurde ich dummerweise bemerkt und der Bail stellte sich erst wieder dank dem scharfem Terrier am nahen Waldrand. Hennes wurde von mir abgelegt, hatte er doch immer noch mit seiner Hose zu kämpfen. Ich eilte so leise wie möglich und ohne Licht über die Wiese in Richtung Standlaut. Jetzt war ich sehr nahe dran. Am Laut waren Hund und Sau im Waldesdunkel gut zu trennen. Lampe links und Revolver rechts....! Nur jetzt keinen Fehler machen! Hexe machte einen Ausfall in Richtung Sau und wich sofort wieder einige Meter zurück. - Passt! - Licht und Fangschuss! Glück gehabt! Die Wutz lag im Knall! Hennes kam dann auch und beglückwünschte uns herzlich, noch sichtlich mitgenommen vom Hosenschaden und vom glücklichen Ende der nächtlichen Nachsuche, die auch anders hätte ausgehen können! Im Nachhinein hatten wir alles richtig gemacht. Die Kreatur musste nicht mehr lange leiden! Hubertus sei Dank!

Als eine Gegeneinladung nahm ich besagten Herren auch mal mit auf Füchse an die Rundballen. Dafür hatte er aber anscheinend nicht die nötige Ruhe und Geduld. Laut gestikulierend ordnete er nach einer Weile den neuen Verlauf dieser Jagd unter seiner Regie an. Hexe kam unverrichteter Dinge und mit verächtlichem Blick zum Störenfried aus dem Strohhaufen. Wir brachen für diesmal ab. „Den bringst du aber nicht mehr mit!" so die Kollegen einhellig!

Mache niemals etwas besser als die Altjäger,
obwohl du es vielleicht könntest ... (:-)

4. Ricke

Irgendwann besuchte ich einen Jagdfreund, der Jagd-
aufseher in einer Eigenjagd war und auch vor Ort im
Gesindehaus wohnte. Wir saßen gemütlich bei einem
Bier in der kleinen Wohnküche und ließen vergange-
ne Jahre an uns vorüberziehen. Die ganze Zeit um-
kreiste mich seine Jagdterrierhündin „Ricke", die er
sich als fertigen Hund zugelegt hatte und die durch
alle Prüfungen - sagen wir - gepeitscht wurde. Sie
war mittelgroß, glatt, ohne Bart, und eigentlich so gar
nicht nach meinem Geschmack...! Unermüdlich
brachte sie mir eine zerknautschte Lockente aus
Kunststoff, die ich immer wieder verstecken musste.
Ewig ging das so. Hund und ich kamen bestens über-
ein. Von terrierüblichen Aggressionen oder Blind-
schärfe gab es keine Anzeichen. Im Gegenteil, sie
war ein Schmuser, eben ein toller Hund, der sich ir-
gendwie in meinen Kopf einnistete.

Einige Monate später kreuzte dieser Kumpel dann
unversehens bei mir zuhause auf, hatte Ricke im Arm
und Tränen in den Augen. Mit den Worten: „Nimm
du sie, ich will nichts dafür haben; bei dir ist sie in
guten Händen, sie muss außer Haus, die letzte gute

„Hofkatze" ist nun auch hinüber!" - übergab mir das Terrgetier und verschwand wieder. Allerdings wusste ich auch ohne Worte, wie schwer ihm dieser Schritt gefallen war...!

Ich führte zu dieser Zeit meinen Gustav, einen riesigen, gutmütigen DK. Auf Anhieb war es die große Liebe zwischen den beiden Hunden. Meine Tochter, damals ungefähr sechs Jahre alt, hatte genau wie die Chefin der Familie, den Neuzugang erst mal skeptisch beäugt, dann aber in kürzester Zeit fest ins Herz geschlossen.

Bringtreue

Hubertusjägdchen in Glauberg, Samstag, ein wunderschöner Jagdtag, morgens erst mal an die Enten, dann Hecken und Feldraine stoppeln nach Hase, Karnickel, Fuchs und Fasan. Ich konnte nur am frühen Vormittag mitjagen, da ich Handwerker zu Hause hatte, und meine Anwesenheit dort dringend erforderlich war. Gustav ließ sich natürlich ohne Probleme anleinen, aber Ricke jagte in der dichtesten Schwarzdornhecke der Welt an Karnickel. Alles Rufen, Drohen, Pfeifen und Locken war umsonst; sie jagte Kaninchen und war natürlich nach Terrierart am Wild laut. Ich ließ nach den vielen vergeblichen Kommandos Hund

Hund sein und machte mich unter hämisch-frotzeln-den Kommentaren der Mitjäger auf den Heimweg, wohnte ich doch im Revier und Ricke kannte den Weg nach Hause.

Tochter Sina und Timo, Sohn eines Freundes und beide gleich alt, wurden beauftragt, mit ihren Fahrrädern immer wieder mal in die Nähe zu fahren, nach Ricke zu schauen und sie gegebenenfalls mit nach Hause zu bringen. „Sie gibt immer noch in der Lochgrabenhecke Laut!" so der Kommentar beider Kinder zum X-ten mal. Auch ich überzeugte mich hin und wieder vom Aufenthalt meines Hundevieches - unverändert arbeitete sie an den Kaninchen - ! Die vorstehhundlastigen Jäger unseres Reviers waren eigentlich terrierabfällig eingestellt und belächelten mich - naja – mitleidig, um nicht hochnäsig zu sagen, ob meiner Situation. Sie saßen nachmittags schon längst im Gasthaus.

Später, kurz vor der Abenddämmerung, ich war nach getaner Arbeit am Werkzeugreinigen, gewahrte ich einen Menschenauflauf, Tumult und ein deutliches „Au, verdammt!" unweit auf der Straße rechts runter. „Gugg e moul, der Mistkrebbel hout e Häsi im Maul, gebbts net her un hot mich aach noch gebesse!" tönte es aus der Rathausgasse. Kurz darauf kam Ricke um unseren Hoftorpfosten mit einem Karnickel im Fang. Die Hundedame war restlos ausgepumpt und an den Flanken wund geschabt, aber korrekt wollte sie sich setzen und mir ihre Beute ausgeben. Ihr Hals war steif und das Kaninchen schwer. So kippte sie in der

Sitzstellung, den Gesetzen der Physik folgend, immer wieder hinten hoch. ...urkomisch, dieses Bild!

Einem Nachbarn, dem „Gasse Horst", der ihr auf dem Weg nach Hause den Laputz abnehmen wollte, biss sie in die Hand. Recht so! Hund hoch und abliebeln war eins. Ich hatte Tränen der Freude in den Augen. Ricke war nun endgültig unser Hund und das Mitleidslächeln der Mitjäger löste sich langsam in Anerkennung auf, als sie die Story hörten. Ricke hatte das Kaninchen im felsig-schiefrigen Gelände der Schwarzdorn-hecke über mehrere Stunden freigebuddelt, abgetan, aus dem Bau gezogen und dann die zwei Kilometer nach Hause getragen!

Maisdrücken

Das Maisfeld, zirka drei Hektar groß, war in einer Talsenke. In ihm steckten sich Sauen. Ich konnte von meinem überhöhten Platz fast den gesamten Acker überblicken. Ricke schnallte ich vom Stand aus mit gutem Wind. Blitz und Dampf war sie an den Schwarzkitteln und sprengte die Rotte. Schüsse fielen außen. Mein Hund war aber immer noch an einer Sau. Dem Laut nach konnte ich den Bail orten und sah auch die Halme wackeln. Urplötzlich flog mein Terrier durch einen Sauenpfuff aus dem Mais in die

Luft, wo er sich sofort mit giftigem Laut wie ein sogenannter Sturzkampfbomber im Angriff wieder der Sau zuwandte, die ihn hochgeworfen hatte. Zufall war es, die Wutz kam mir. Es war ihre letzte Reise! Ricke hatte keine offenen Blessuren, aber das warme Bad zuhause kam ihr aber sehr gelegen.

Sonntagmorgen im Frühherbst, der Revierinhaber, ein Günstling von ihm und ich, erst mal an die Enten und dann schauen wir mal, was uns noch in den Sinn kommt. Cita und Nelli, beide gestandene DD der Jagdkollegen, ich mit Ricke und Gustav an der Koppel, so ging die Korona mit drei Enten am Hühnergalgen und aufgekippten Flinten über der Schulter in Richtung Dorf. Bonnis Apfelweinkneipe war irgendwie magnetisch...! Es kam uns beim Laufen eine hohe Taube. ...auffordernde Blicke.. ich lade und Bautz, die Taube fiel im Bogen mausetot mitten in einen sehr großen Zuckerrübenschlag. „Na, schnall mal deinen Terrier, wollen mal sehen …!?" - überhebliches, voreingenommenes Grinsen der Vorstehhundjäger! Ich nahm Ricke wortlos aber überzeugt die Halsung ab und weg war sie im grünen Blattgewirr. Immer wieder mal einen Luftsprung von ihr, mehr sahen wir nicht in dem hohen Rübenkraut. Nach kurzer Zeit, noch keine zwei Minuten waren vergangen, kommt Ricke mit der Taube im Fang. Ohne Kommando setzte sie sich und hielt mir die Taube hin. Unsere Beute war weder geknautscht noch fehlten ein paar Federn. Der Zwerg steigt weiter im Ansehen der Drahthaarleute. Ich hatte nun auch einen „Vogelhund", so meine Feststellung mit breitem Grinsen.

Nidderaue

Die Nidderaue am Auberg war weiträumig abgestellt. Reiner ging mit durch und führte „Onja von der Quitteburg" als jungen, aber schon sehr guten Drahthaar aus der Zucht des Werner Nestl. Ich drückte ebenfalls mit Ricke und Gustav im hohen, binsengrasbestandenen Überschwemmungsgebiet der Nidderauen. Flachwasserlachen wechselten sich dort ab mit tiefen, teils verwachsenen Gräben, natürlich eingestreuten Erlen- und Weidenhorste mit erhöhten Trockenstellen. In diesem riesigen Areal waren immer Fuchs, Enten, Schnepfen, Rehe Fasane und hunderte Krabbel- und Insektenarten daheim. Hin und wieder fühlten sich aber auch Sauen ihrem Namen entsprechend dort sehr wohl. Die Hunde buschierten. Ihnen zuzuschauen war ein jagdlicher Genuss. Sie arbeiteten traumhaft und mancher Schuss fiel.

„Onja steht", so plötzlich Reiners Ruf. Ich war nur etwa zwanzig Schritte von ihr entfernt und schaffte mich durch die Binsen in die Nähe des Geschehens. Onja stand tatsächlich fest vor. Sie hatte einen Fuchs in der Nase. Dem hing aber schon bei genauerem Hinsehen und unter Wegbiegen der Binsen mein Terrier an der Gurgel. Hund hält fest, und ich konnte Meister Reineke einfach abfangen. Stolz präsentierte ich den nun toten Fuchs, an den Hinterläufen hochgehoben, mit anhängendem Jagdterrier! Anerkennendes Kopfschütteln mit Schenkelklopfen von Gustav Östreich, der unweit davon jenseits des breiten Grabens Zeuge dieses Vorfalls wurde - Hundeleistungen und Bilder, die man nie vergisst - ! „Ricke vom Sonnenberg" aus der Zucht des Herrn Wolfgang Bierwirth!

Übrigens: In dieser, mittlerweile grässlich umgestalteten Auenlandschaft weiden jetzt EU-subvensioniert ... Heckrinder...!

Siebenbürgendeutsche Familien, vorübergehend wohnhaft in unserem Dörfchen, spaßig, humorvoll, aber von einer etwas anderen Mentalität!

Ricke hatte sich, wie so oft beim Reviergang, die Halsung gestreift und schaute selber nach, was denn da so kreucht und fleucht. Da ich aber meine Töle kannte, trat ich nicht ohne Sorgen den Nachhauseweg an. Spät abends kam dann Ricke ebenfalls nach Hause und hatte einen kurzen, aufgezwirbelten Kälberstrick um den Hals? - Die ganze Geschichte erfuhr ich anderentags!

Von ihrem informativen Jagdausflug kam sie auf dem Heimweg am Haus dieser Aussiedler vorbei. Vom Clanchef ließ die Kleine sich, entgegen ihrer Art, anlocken. Milo, der auch schon auf dem Balkan gejagt hatte, erkannte sofort den guten Jagdhund und band sie erst mal zur Sicherheit mit besagtem Kälberstrick in der Scheune an die Gerüstleiter. Er wusste nicht, dass dieser Hund in dieses Dorf gehörte und ich sein Kumpel und Herrchen war.

Natürlich waren auch Rickes Lieblingstiere, Stubentiger genannt, in der Hofreite zugegen. Im geeigneten Moment hieß es für meinen intelligenten Terrier Strick durchbeißen und zwei dieser widrigen Langschwänze meucheln. Dann aber schnell ab nach Hause. Durst gestillt, Fresschen gemacht, Bericht in Form von Katzengeruch überall in die Wohnung getragen und sich nach ausgiebigem Duschen mit Babyshampoo zum Nickerchen zufrieden einzuschieben, war ihr ein Bedürfnis.- Supertöle - ...anderntags erfuhr ich von dem Katzenmord und der Örtlichkeit des Geschehens. Ein Nachspiel in Form von Regressansprüchen hatte diese Angelegenheit natürlich nicht, im Gegenteil, Milo lobte meinen Hund...!

Nie wieder…!

Samstagnachmittag, dünne Schneedecke! Ein Jagd-
kollege: „Was machst du nachher? Wir könnten mal
nach den Füchsen schauen, ob sie im Bau stecken?!"
„Jaha!" Natürlich genügte auch bei Ricke nur das
Wort „Fuchsi" und es gab kein Halten mehr. Die alte
Fuchsburg am „Eulsloch" war befahren. Wir probier-
ten es. Leise hatten wir uns zu dritt postiert und harr-
ten gespannt der Dinge, die da kommen sollten. Un-
ter der Erde war sofort ein Mordsspektakel, aber kein
Fuchs sprang! Wartezeit fast zwei Stunden - Auch der
Hundelaut war nicht mehr zu hören. Scheibenkleis-
ter! Also graben. Mittlerweile hatte uns die frühe
Winternacht eingeholt und der Einschlag war noch
nicht besonders groß …! Gelegentlicher Laut von un-
ten gab uns Auftrieb während wir schaufelten und
horchten. Die Einsicht der momentanen Erfolglosig-
keit siegte aber letztlich. Ich legte meinen Lodenman-
tel sorgenvoll und zweifelnd am Bau windgeschützt
ab …!

Nachts hatte es wieder Spurschnee gegeben und vom
Schlafzimmerfenster aus entdeckte ich nach unruhi-
ger Nacht frühmorgens Hundeabdrücke, die in den
Hof führten. Es war aber offensichtlich ein fremder,
etwas größerer Hund …! Wieder am Bau angekom-
men, erst mal Totenstille - lautes Rufen meinerseits -
lauschen - da, wieder Rickes Laut, zornig und giftig!

Himmel, ... und Zwirn! Dachs! Um Rickes Ausdauer am Wild wissend, kam ich zu dem Entschluss: Wir brauchen einen Bagger; sonntags aber ein schwieriges Unterfangen. Aber für was hat man Freunde und ehemalige Arbeitskollegen einer Baufirma? Ein Anruf beim alten Chef Helmut Hofmann mit Schilderung der Sachlage und die Zusage für die Baumaschine war gegeben. Auch Klaus, ein gewiefter Baggerführer, wohnte in der Nachbarschaft und sagte sofort zu. Gegen 12.00 Uhr begannen wir dann mit schwerem Gerät den Einschlag, der sich entlang der Röhre auf eine Länge von mindestens acht Meter und eine Tiefe von ungefähr fünf Meter ausdehnte. Zum Glück standen die Lehmwände sehr gut und machten ein Verbauen erst mal überflüssig.

Schnell hatte sich die Aktion auch im Dorf herumgesprochen und einige Spaziergänger wollten sich dieses Schauspiel nicht entgehen lassen. Ich befand mich zum X-ten Mal unten auf der Grabensohle und die Röhre bog jetzt aus dem Einschlag scharf rechts ab. Den Spaten steckte ich in den Gang und wackelte damit, indem ich ihn mehrmals kurz nach rechts und links am Griff drehte. Dabei rief ich Rickes Namen. Sie gab entfernt Laut, kam aber nicht. Also Richtung bestimmen, ausgebaggerte Erde umsetzen und weiter buddeln, so mein Vorschlag von unten an Klaus in der Baumaschine.

Ich war schon wieder halb aus dem Baggerloch, als Zuschauer von oben riefen: „Da ist sie!" Umdrehen und Hinunterspringen war eins. Der Terrier war im

Begriff nach der Frischluftzufuhr und dem Abschüt-
teln mit Blick zum Chef wieder einzuschliefen, aber
ich war schneller und packte das lehmverschmierte
Etwas an dem dafür vorgesehenen Griff und dann un-
ter der Brust! Total erleichtert und mit einem Stoßge-
bet himmelwärts hielt ich meine Töle auf dem Arm.
Eigentlich wäre ihr Job noch nicht zu Ende, wie sie
mir deutlich durch Strampeln und Jaulen zu verstehen
gab. Aber ich gab ebenfalls nicht auf, brachte sie
nach oben und nach Hause zum warmen Bad.

Die Helfer verfüllten den Einschlag und genossen
den Rest des Sonntages. Ricke war wahrscheinlich an
eine Dachsfähe geraten, die mit Sicherheit gewölft
hatte. Beide bekriegten sich in völliger Dunkelheit
und ließen wieder voneinander ab, wenn sie müde
waren. So kämpfte das Terrgetier 22 Stunden unter
Tage.

Wie nicht anders zu erwarten, war Ricke am Fang arg
zerbissen. Es klaffte ein Loch vom Gaumen bis oben
über dem Nasenschwamm heraus. Raimund flickte
sie wieder zusammen. Zwei Wochen später sah man
nur noch Narben. Auch der Geruchssinn hatte meines
Erachtens keinen merklichen Schaden genommen.

Fazit: Jahrhundertalter Bau teilweise kaputt! Tierarzt-
kosten, Lohn für Klaus und eine Rehkeule für den al-
ten Chef, alles natürlich gerne gegeben. Dieses war
aber der letzte Naturbau, den ich mit meinen Hunden
arbeitete!

Als Betonbauer und Zimmermann entwickelte ich dann in der Folgezeit einen universell einsetzbaren Kunstbau aus Betonfertigteilen, der auch Serienreife erlangte, hohe Strecken bei wenigen Verletzungen unsrer Bauhunde brachte, und balgschonend war er auch! (Skizze Seite 210)

...mein Freund...

Vom ersten Zusammentreffen an war es die große Liebe zwischen Kurzhaar und Jagdterrier, wie ich schon weiter oben erwähnte. Gemeinsames Stöbern, Apportieren, Unordnung, alles machten sie gemeinsam ohne Murren aber mit viel Kuscheln. Gustav konnte sie sogar in den Fang nehmen und ein kurzes Stück tragen.

Ganz besonders beschäftigt mich aber folgender Sachverhalt bis heute:

An einem herbstlichen Sonntagabend lief ich mit aufgeklappter Sauer-Beretta über der Schulter, den alten Gustav frei bei Fuß vom Entenstrich kommend und mit einem Erpel in der Hand, die Rathausgasse entlang Richtung Abendbrot, Dusche und Sofa. Aus der Hofreite „Firschdersch" in der Kurve sprang plötzlich eine dreifarbige (Glücks)Katze auf den Rücken meines treuen Vierbeiners und vermöbelte ihm die Behänge. Ich war fassungslos der bodenlosen Frechheit dieses Katzenviehchs wegen. Mittels eines Fußtrittes in die Tigermitte erlöste ich meinen Kurzhaar. Gustav stand wie der sprichwörtlich begossene Pudel und hatte sich nicht gewehrt. Raubwildschärfe war sowieso nicht seine Paradedisziplin und er musste sich von mir einiges an gutgemeinten Beschimpfungen anhören! „Ahler Depp, kannst dou dich net wiehrn un es dem Katzevieh gewe! Guck emol, wei de jetzt aussieehst, su dotal veschinnt!"

Nach der Verarztung zu Hause und an den Folgetagen war Gustel überhaupt nicht auf dem Damm und ich konsultierte wieder mal Tierarzt Raimund. Ricke versuchte ihren großen alten Freund vergebens aufzumuntern. Aufbauspritzen und Infusionen erfüllten nicht ihren Zweck und Gustav verstarb wenige Tage danach in den Armen meiner Tochter an unzähligen, schnellwachsenden Methastasen im gesamten Körper, wie die tierärztliche Obduktion bestätigte.

Aber wieder zurück zu Ricke: Einige Monate später. Es war der Geburtstag meiner Frau. Zu dieser Gelegenheit holte ich, da auch Samstag im Kalender stand, Brötchen zum Frühstück aus der nahen Bäckerei. Unser Hund raste mit in den Hof, um sich einen generellen Überblick zu verschaffen und sein Geschäft dabei zu erledigen. Wir saßen dann schon wieder am Kaffeetisch als wir bemerkten, dass Ricke immer noch unten sein musste. In gleicher Sekunde ertönte Hundelaut an der Haustüre: „Lasst mich rein, es gibt Neuigkeiten...!". Öffnen von oben mit Summer, Auffliegen der Tür unten durch einen deftigen Hunderempler, ... und strenger Katzengeruch, gepaart mit Kuhstallmief, stach uns in die Nase. Ricke brauchte ein Vollbad. Soweit, so gut!

Nachmittags gab es anlässlich der Geburtstagsfeierlichkeiten natürlich Kaffee und Kuchen. Anschließend folgte der obligatorische Informations- und Verdauungsspaziergang mit der jagdlich nicht sonderlich bewanderten Verwandtschaft, welcher auch an besagter Hofreite vorbei ging. Der „Firschdersch Günter" war zufällig im Hof und meinte etwas verklärt in meine Richtung: „Ich hatte heute morgen auch Besuch!"

Jetzt ging mir ein Licht auf. Beklemmungen nahmen Raum in mir, auch eine Verlegenheitsröte konnte ich nicht verbergen...! Ricke war just in der Brötchenholzeit die 130 Meter zur besagten Gustav-Quälkatze geeilt und rächte die Schmach ihres verstorbenen Freundes bitterlich. Tatsächlich hatte sie sich von den vielen Mietzen am Hof lediglich diese eine herausgepickt und eliminierte sie sekundenschnell in der Futterkippe des Kuhstalles um dann sofort wieder ihre häuslichen Gefilde aufzusuchen. Alle anderen Katzen des Hofes ignorierte sie in diesem Moment!? Soviel zu Hundefreundschaften!!

Günter beschrieb besagte Katze als diese Domina, die sich vor keinem Hund fürchtete, und die damals meinen Gustav angefallen und vermöbelt hätte. Auch in diesem Fall fielen keine bösen Worte in Sachen Tierschutz, Regress, etc.!

Wenn dir dein Hund das Liebste sei`,

denke nicht, es wäre Sünde,

der Hund bleibt dir im Sturme treu,

der Mensch nicht mal im Winde!

Ricke als Spielgefährte

Unsere Tochter wuchs mit Gustav und Ricke auf. Sie waren quasi ihre Ersatzgeschwister. Gustav war meist unten in Hof und Scheune, Ricke hatte ihren Schlafplatz in der Küche. Somit hatte sie ständigen Kontakt mit allen Familienangehörigen. Dies ist übrigens die beste Hundehaltung, wenn genügend Auslauf gegeben ist. Liebend gern saß sie auf dem Stuhl, den jemand von uns belagert hatte, sei es zum Essen, Lesen oder zu Verrichten von Küchenarbeiten. Eingezwängt zwischen Lehne und dem menschlichen Rücken räkelte sie sich genüsslich und erzeugte urige Töne des Wohlbehagens. Dies war eine Wohltat, auch für meine angeschlagene Zimmererwirbelsäule. Wenn ihr dann langweilig wurde oder Zuwendungen fehlten, flitzte sie in irgend eine Ecke und kramte ihr Spielzeug hervor. Dies war meist besagte, zerkaute Lockente, welche schon zum X-ten Mal neu gekauft wurde oder der 2000ste Tennisball, den sie wegen den vielfältigen Spielmöglichkeiten besonders liebte. Diese Pille sprang auch von alleine durch Wohnung und Haustreppen, wenn sie durch Drauf- oder Dranspringen den richtigen Drive bekam. Manchmal ging die Jagd auch über Tisch und Bank, mit eingeschlossen, Sofa und Betten. Dieses Alleinspiel unterbrach sie gerne und bei jeder sich bietenden Gelegenheit, wenn irgend jemand in der Nähe war. Das Vorderteil des Hundes lag dann tief mit vorgestreckten Läufen auf dem Boden. Das Hinterteil stand steil nach oben und mit der Rute kräftig wedelnd, stupste sie den Ball mit der Nase zu dem auserkorenen Mitspieler. Dieser musste nun den Ball zurückbefördern, egal wie. Luftsprünge, Überschläge oder nur einfaches Schnappen - Spiel ohne Grenzen, Raum und Zeit - eine Akrobatin sondergleichen hielt ihr Umfeld und Spielkamerad Gustav ständig auf Trab.

Völlig absurd für einen messerscharfen Superjagdhund ist aber auch die Tatsache, als Modehündchen im Puppenwagen von Sina, angekleidet mit den möglichsten und unmöglichsten Fantasiekostümen stolz durch die Wohnung und durchs Dorf gefahren zu werden. Sogar tanzen mochte sie gerne, wenn Sina sie stehend und singend an den Vorderläufen hielt. Nie zeigte sie aggressives Verhalten beim Spiel mit Kindern, egal welchen Alters. Dieser Terrier hatte einen Kippschalter im Kopf: - Jagen - klick - Familienspiel - klick – Jagen.

Ricke vom Sonnenberg

Abschied

Beim Rennen über die Wohnungstreppe in den Hof
bemerkte ich eines Tages ein leichtes Schonen des
rechten Hinterlaufes meines mittlerweile stark geal-
terten Jagdgefährten. Was hat sie nun wieder ange-
stellt, so mein erster Gedanke. Das Hinken verstärkte
sich zum nächsten Tag, also ab zum Tierarzt. Beim
Abtasten autschte sie am Hinterlauf. Raimund schick-
te mich zur Röntgenuntersuchung. Am Kniegelenk
hatte er eine Ungereimtheit festgestellt. Am folgen-

den Tag lief sie nur noch auf drei Beinen. Offensichtlich hatte sie Schmerzen.

Nach einem weiteren Tag, donnerstags, bekam ich einen Untersuchungstermin in der Gießener Veterinärklinik, die stets auf dem neuesten Stand der Technik und der Wissenschaft war. Hier wurde mir schon öfters geholfen, wenn ein vierbeiniger Freund sich nicht wohl fühlte und Raimund um eine zweite Meinung bat. Morgens musste ich aber erst zum Unterricht nach Frankfurt, hatte Ricke aber schon, wie so oft, bei mir. Auf der Hinfahrt lief dem Vorausfahrenden im stockenden Berufsverkehr ein Hase ins Auto. Der Krumme schleppte sich, offensichtlich krank, in einen Kartoffelacker neben der Straße kurz vor Büdesheim. Ich stoppte am Straßengraben und stieg mit dem kranken Hund aus. Ricke angesetzt, spurlaut, nach relativ kurzer Strecke ein kurzes Klagen des Hasen und mein altes Mädchen versuchte zu apportieren. Das gelang natürlich nicht mehr. Dankbar überließ sie mir den (gewilderten) Hasen, der noch als Schleppwild geeignet war. - „Siehste Chef, ich kann es noch!"

Nach geklärter Vertretung der letzten Stunden in der Schule - auch hier hatte ich super Kollegen - fuhren wir nach Gießen. Auf dem neuesten Röntgenbild sahen wir die Bescherung. Ein sehr schnell wachsender Tumor hatte schon das Gelenk teilweise zerfressen und die Hüfte stark angegriffen. Zuhause hängte ich nur die Leine mit leerer Halsung an den Haken....!

5. Geschosssplitter

Das erste Erlebnis mit Geschosssplittern hatte ich in meiner frühen Jugendzeit. Mit Onkel Karl im Diebacher Revier zu jagen wurde von nichts übertroffen. Irgendwann im Juni, noch früh am Abend, platzierten wir uns auf der Lärchenkanzel. Bei gutem Wind zog nach einer guten Weile ein Jährling mit kurzen Bleistiftspießchen durch die links ins Tal ziehende Lärchen-Fichtenanpflanzung, die fast Mannshöhe erreicht hatte. Neben den Bäumchen war die Fläche natürlich auch mit Altgras, Farn und Brombeere bestockt. Das Böckchen gab auf achtzig Gänge das Blatt frei und im Knall verendete es schlagartig, so unsere augenscheinliche Wahrnehmung.

Nach der, für damals obligatorischen Zigarettenlänge hieß es: Nix wie hin und die Beute begutachten. Hier irgendwo muss er liegen. „Himmel, A..... und Zwirn!! Bin ich denn blöd, oder was ist mit mir los? Du bist genau so doof! Dös war doch en Bock, uff den ich geschosse hu!" machte sich Onkelchen Luft. Vor uns lag ein gerade verendetes Schmalreh mit einem Kopfschuss. Ungläubig schauten wir uns an, betroffenes Schweigen.... Ich machte kopfschüttelnd ein paar verlegene Schritte nach rechts, um über die Schussrichtung den Anschuss zu bestimmen. Den

Blick zur Kanzel gerichtet, gewahrte ich zu meinen Füßen etwas Weiches. Da lag das schwache Böckchen im hohen Altgras, und hochblatt saß die Kugel.

Von uns unbemerkt und verdeckt im dichten Bestand war das offensichtliche Schwesterlein des Bockes in der Nähe und wurde unglücklicherweise von einem austretenden Geschosssplitter am Haupt getroffen. Es stand ungefähr vier Meter halb schräg dahinter.

Vogelsberg 2001

Ich war im vielzitierten Vogelsbergrevier bestätigter Jagdaufseher. Eine meiner Hauptaufgaben im dortigen Revier hieß: Wildschaden minimieren! So saß ich denn im ersten Jahr unserer Neupacht Mitte August an einem abgeernteten Haferfeld oben an der Feldscheune. Jede Nacht stellten sich dort Sauen ein. Der Augustmond ist bekanntlich - naja - bescheiden. Trotzdem hatte ich unverhofftes Dusel. Gar nicht weit in der Furche bemerkte ich Frischlinge, nicht besonders stark. Beschossen ging einer wahrscheinlich noch einige Meter. Es war ziemlich dunkel, so tappte ich ans Auto um Taschenlampe und Hexe, meinen zweiten Jagdterrier und Ricke-

Nachfolgerin, an den Schweißriemen zu nehmen. Meine Schwarze, auf Schweiß als Terrier bemerkenswert ruhig, zieht mich unweit des Anschusses zum Frischling. ... hinterm Blatt hoch, so der Kugelsitz. - super-

Hexe aber sagt unmissverständlich: Chef, gib mir Riemen! Ich lasse sie gewähren und folge ihr im rechten Winkel Richtung Wald. Nach etwa 50 Metern wird sie sehr heftig und will geschnallt werden. Ungläubig tue ich ihr den Gefallen. Keine 10 Sekunden, und ich höre einen Frischling etwas weiter unten klagen. Hineilen und Abfangen ist in kürzester Zeit erledigt. Zwei Frischlinge, ich bin der Größte! Ohne Hund hätte ich den zweiten Frosch gar nicht bemerkt und wer gibt schon seinem Vierbeiner in einer solchen Situation recht, ist man doch der Annahme, da stünden die Gesundfährten. Verludern mit aufgerissener Bauchdecke durch einen Geschossrest wäre die bittere Konsequenz gewesen!

Breite Sau

Ein Jahr später, August 2002, enormer Sauschaden im Hafer von „Gensis". Es musste etwas geschehen. Schnell war ein bequemer Drückjagdbock mit Hilfe des Professors im Elektrikerhemd und mit den spannungsgeladenen Knöpfen an der Bauchseite und den exakten Bügelfalten in die Schadensfläche gestellt. Mit beginnender Sommernacht hockte ich gemütlich aber gespannt darauf. Mäuse und ein Kauz teilten mit mir die Sommernacht. Die Stunden zerrannen und ich dachte allmählich ans Abbaumen. Da kamen die grauen Schatten, zwanzig geschätzt, und begannen munter zu schmatzen. Auf eine Sau mittlerer Größe wurde ich fertig und ließ fliegen. Die Wutz machte einen Bogen und verendete ganz in meiner Nähe. Super! Aber so kann der Augustmond täuschen. Vor mir lag ein Frischling von zirka 25 Kilo mit einem Schuss, der mir zu denken gab. Ich schob den unglücklich sitzenden Treffer leichfertigerweise auf die eventuell in der Schussbahn stehenden und ablenkenden Haferhalme, die ich, des diffusen Lichtes wegen, nicht sehen konnte. Wutz einpacken, nach Hause zum Aufbrechen und ab ins Bett, klingelte doch der Wecker bereits wieder in vier Stunden und rief zum Dienst in der Schule. Jagen kann sehr anstrengend werden und ist nicht immer eitel Sonnenschein!

Nach einigen Tagen, der Hafer wurde gedroschen, erreichte mich ein Anruf von Gensis Werner: Ein Wildschwein von enormer Breite aber wenig Höhe läge im Haferfeld. Auch möpselte es ein wenig...!

Nichts Gutes ahnend, packte ich schon mal ein Kunststofffass mit Deckel auf den Anhänger, legte die Mistgabel dazu und fuhr zu dem besagten Feld. Dort erwarteten mich schon die Krähen und zeigten mir unmissverständlich die breite Sau. Ein Nähern war nur mit dem Wind möglich!

Bis ich die Wutz im Fass hatte, verging doch eine geraume Zeit, derweil ich mir vor Gestank zwischendurch immer wieder die Seele aus dem Leib kotzte. Solche Qualen hatte ich bis dato noch nicht erlebt! - Dieses Spielchen wiederholte sich dann nochmals beim Entleeren am Luderplatz und zum Dritten beim Reinigen des Fasses!

Auch in diesem Fall stand der Frischling wahrscheinlich hinter der beschossenen Sau und wurde tödlich vom Geschossrest getroffen. Vermutlich saß mein Schuss wie gewollt hinter dem Blatt und der Überläufer ging unbemerkt von mir im Lärm der abgehenden Rotte noch etwa 50 Meter bis er verendete.

Durch die Höllenqualen des vielfachen Übergebens und der Gewissensbisse glaube ich geläutert zu sein, kontrolliere seitdem noch gewissenhafter den Anschuss und lasse mir die Erkenntnis von meinen vierläufigen Freunden bestätigen!

Wild! ...besser geht nicht!

Unverhofft kommt oft

Irgend wann gingen ebenfalls Sauen im Hafer von „Lutze" an den Salztrögen stark zu Schaden. Dort stoßen der Staat mit dem Nachbarrevier Sichenhausen und unserem Kaulstoß zusammen, mit Burkhards im Verbund auch liebevoll „Bukasi-Land" genannt. Ich entschloss mich zum Frühansitz. Der Mitpächter vom Nachbarrevier, erlaubte mir die wenigen Meter von der Landstraße zu unserer Grenze bewaffnet zu durchqueren, um bei gutem Wind an den Schadensacker zu kommen. So der Plan und es folgte die Ausführung!

Noch im mäßigem Licht des zu erahnenden Sommermorgens gelangte ich vorsichtig pirschend an den stark geschundenen Haferacker. Geschmatze und Gequieke, Gezanke von Halbwüchsigen und wohlige Grunzlaute vernahm ich schon von weitem. Direkt beim Angehen unter Wind auf der Grenze im Hafer sah ich vier Rücken von Sauen! Alle gleich stark, und maximal 20 Meter entfernt. Eine kam mir heller vor, vielleicht Keilerchen! Stehend freihändig! ... Rums, die Sau lag im Knall, aber das gesamte Feld wurde schlagartig lebendig. Geschätzte vierzig Sauen gingen hochflüchtig rechts durch die Grenzhecke hinüber zum Staat.

Eine Sau lag, die anderen vergrämt, noch mehr anfallender Schaden war vorläufig verhindert, ... was tun mit diesem, noch in Dämmerung gehüllten, so glücklich begonnenen Morgen? „Wenn wir schon mal da sind, bleiben wir auch hier ...! Friedel, setz dich wie geplant auf deinen Sitz, vielleicht kommt ja noch ein Schmalreh, ein Böckchen oder ein Füchslein!?

Gesagt, getan! Ich sitze gerade so in Ruhe, da kommt die gesamte quiekende Gesellschaft zurück. Auf dem Grenzweg war es noch zu dunkel und ich riskierte nichts. Die Sauen waren wieder im Hafer, natürlich da, wo ich sie zwar gut hören aber schlecht sehen konnte. Scheibenkleister! Zu langsam kam das Büchsenlicht… wie immer!

Auf dem Nachbaracker, talwärts unter dem Hafer, war die Gerste schon gemäht. Das Stroh lag in dünnen, „vogelsbergtypischen" Schwaden. Vogelsbergtypisch, weil dort auf den kargen Äckern die Mäuse knien müssen, um an die Ähren zu kommen! ...so der Volksmund.

Jetzt aber dort eine Bewegung! Glas hoch, tatsächlich, drei kleinere Wutzchen im Gänsemarsch vor dem hellen Stroh - breit. Die Erste ins Absehen und - Bautz! Sie verendete nach Mitteilung meines Gehörs nach kurzer Flucht rechts in meiner Nähe. Schlagartig kehrte nach dem erneuten Machtwort meiner Blaser wieder Ruhe im Hafer ein. Der Acker war wieder leer. Super, zwei Sauen, ich war der King!

Als die Sonne aufgegangen war, marschierte ich zufrieden, strahlend und hüpfenden Herzens zum Auto um Hexe an unserer Beute teilhaben zu lassen. Am kurzen Schweißriemen zeigte sie mir den Überläuferkeiler. So ist's brav, mein Hund! Du wirst dich wundern, da gibt es noch ne Wutz und vorher Arbeit für dich! Am Anschuss des Frosches angekommen rieb ich mir verwundert die Augen. Da lag der Frischling, sauber hochblatt getroffen und mausetot! Was hörte ich direkt nach dem Schuss rechts von mir?

Hexe wusste es wahrscheinlich schon und lag straff im Riemen. Sie zeigte mir nach wenigen Schritten hellroten Schweiß und führte mich nach knappen 50 Metern zum zweiten Frischling, der in einem Bogen mit Lungentreffer in Nähe meines Sitzes hörbar verendet war. Wahrscheinlich schob er sich während der Schussabgabe hinter den ersten und ich gewahrte ihn nicht. Der Geschossrest beförderte ihn ungewollt aber nicht unnötig ebenfalls in den Kochtopf. Ein gedachtes Küsschen für Diana ....und mein Terrgetier und ich waren die Allergrößten, wenigstens für diesen Morgen!

Anlässlich eines Anschussseminars demonstrierte Referent Michael sehr eindrucksvoll die Splitterwirkung bei einem Schuss, in diesem Fall auf ein hingehängtes Stück Fallwild. Ungefähr fünf Meter dahinter war eine große, weiße Folie gespannt und wir staunten nicht schlecht, wohin und wie breit gefächert Wildbretteile und Geschosssplitter spritzten...!

6. Anna vom Hünstein

Nachmittags bekam ich einen Anruf von X, ich sollte eine Sau nachsuchen. Er war ein alter Jäger mit viel Erfahrung, aber auch mit einer gehörigen Portion „Was will denn **der**?" Seine schusstechnische Ausrüstung ließ ebenfalls sehr zu wünschen übrig und Hunde wurden in seinem Haushalt nicht geduldet. „Ich habe noch nie einen Hund gebraucht!" so seine Aussage öfters mir gegenüber. Im Vorfeld muss ich aber noch erwähnen, dass ich in diesem Jagdrevier einen Begehungsschein mit freier Büchse hatte und eigentlich auch sehr oft vor Ort war.

Was war geschehen? X. beschoss am Vorabend gegen 20.00 Uhr eine Sau, die von einem Maisschlag über den Grasweg in den gegenüberliegenden huschte. Dunkelroter Schweiß lag am Anschuss, und man war der Meinung, die Sau müsste liegen. Also wurde zwischen den Stängeln herumgekrochen, die Wutz aufgemüdet und alles zertrampelt. Beim Wegbrechen vor ihnen wurde sie zwar kurz gesehen, aber man hatte ja keine Waffe im Mais dabei …!

Am nächsten Morgen ging das Spielchen weiter und verlief ähnlich wie am Vortag inklusive Aufmüden. Endlich sprang man über den eigenen Schatten und und bat um Hilfe. Mich erreichte dann gegen 15.00 Uhr der Anruf, dass ich zur Nachsuche kommen sollte. Ich machte mich sofort mit Anna auf den Weg in den Vogelsberg. Die Örtlichkeit war mir bestens bekannt, und die Vorgehensweise wurde mit den älteren

Herren abgesprochen. X. sollte den Weg zwischen den Äckern im Auge behalten und Y. den Feldrand zum Wald hin beobachten, denn keiner von beiden war bewaffnet, warum auch immer. Vielleicht fängt sich eine angeschweißte Sau ja auch mit der Mütze!

Mir wurde gesagt, der Schuss sitzt auf den Keulen und das Schwein bewege sich hinten nur rutschend. Dieser Aussage musste ich wohl oder übel vertrauen, denn Anschuss und das Drumherum war ein einziges Wirrwarr und platt gerutscht. Ein Ausarbeiten am Schweißriemen war in dieser Situation ebenfalls nicht angebracht, aber ich wusste doch, dass Anna Sauen besonders mag, gut verbellt und mich zum Stück ruft, falls die Sau noch steckt. Also schnallte ich meine raubautzige Dame unter Wind und schon nach kurzer Zeit gab sie heftig Standlaut, die Sau lebte also noch.

Jetzt muss ich dazu einflechten, dass ich mir das Kreuzband am linken Knie angerissen hatte, zur OP anstand und ich dadurch nur eingeschränkt agil war. Nichtsdestotrotz ging ich vorsichtig den Bail mit meinem kurzen Nachsuchenrepetierer an. Der Daumen lag am Sicherungsflügel des 98ers. Zum Glück waren die Maisreihen weit gesät, sodass ich einigermaßen schnell Anna erreichen konnte. Wissend, dass ich in der Nähe war, wurde sie an der Sau noch giftiger. Beide attackierten sich gegenseitig, wie ich im Halmengewirr hören und dann auch bald sehen konnte. Ich war ungefähr auf sechs bis sieben Meter heran, als die Sau mich gewahrte. Mein Glück war die Schussbereitschaft, denn ich wurde beim ersten Blickkontakt sofort von ihr angenommen. Beim Inanschlaggehen und gleichzeitigem Ausfallschritt rückwärts verhedderte sich mein lädiertes Bein irgendwie an den Maisstängeln und ich fiel rücklings zu Boden. Der Fangschuss erfolgte nun in Sekundenbruchteilen im Fallen zwischen meinen gespreizten Beinen hindurch auf die doch bedrohlich nahe gekommene Wutz. Er saß glücklicherweise zwischen den Lichtern der Sau und so verendete sie schlagartig ungefähr einen Schritt vor meinen Kronjuwelen. Gottlob war Anna bei der Schussabgabe etwas weiter weg, sodass sie augenscheinlich nicht direkt gefährdet war!

Auch hier schickte ich einen Dankesblick zum Himmel. Der Schuss von X: saß nicht wie angesagt auf den Keulen, sondern beide Vorderläufe waren oben zertrümmert. Nach Känguruart bewegte sich die Überläuferbache trotz allem sehr schnell auf den Hinterläufen. Sie hatte ja auch inzwischen genügend Zeit zum Üben, natürlich unter enormen Schmerzen! Nach dem Ruf „Sau tot" waren die beiden Helfer sofort zur Stelle, knoteten ein Seil um das Gebrech und begannen mit dem Abtransport. Keine Frage nach „was und wie"!... Anna und ich fuhren gleich nach der Aktion nach Hause. Gerne hätte ich vor Ort noch ein Bier getrunken, aber selbst ein anerkennendes Wort zur Hundearbeit oder ein einfaches „Danke" war nicht zu hören.

Rückblickend: Beide ältere Herren, damals Ende der

Siebziger, …ohne Waffe, …ohne verlässlichen Hund, …das hätte schlimm/schief ausgehen können!

Wildunfälle

Eine meiner Hauptaufgaben als Jagdaufseher ist die Präsenz und schnelle Hilfe bei Wildunfällen. So klingelte einmal im Frühherbst gegen 22.00 Uhr das Telefon mit der Ansage, Wildunfall mit Reh am Ortsschild XY. Stiefel an, Nachsucheutensilien ins Auto, Anna in die Hundekiste und ab ging es in Richtung Ortseingang des besagten Dörfchens.

Dort angekommen erwarteten mich bereits etwa ein Dutzend Personen aus dem nahen Dorfgasthaus, nur wenige Schritte schräg über der Straße gelegen. Jeder wusste etwas anderes und die Ratschläge passten redensartlich nicht alle auf eine Kuhhaut. Der Unfallverursacher war nicht mehr vor Ort.

Das Reh, eine augenscheinlich starke Geiß, saß etwas weiter und schwer krank, benommen dösend, auf der Grabenböschung, offensichtlich dem Tode nah. An Schießen war wegen Gefährdung von Personen durch Querschläger im Straßenschotter und in Ortsnähe nicht zu denken. Also abfangen! Ich bedeutete den

Zuschauern in Zeichensprache sich im Rückwärtsgang weiter zu entfernen und sich ruhig zu verhalten. Weitestgehend funktionierte es auch. Ich ging das Stück leise von hinten an, in der Hand das blanke Bajonett, welches ich mir als Abfangwaffe zurecht geschliffen hatte. Drei Schritte nur, aber dennoch zu weit, war ich vom Stück entfernt, als eine schrille Frauenstimme ertönte: „Der wird doch nicht... ein Tierarzt soll kommen!" ... Das Reh schnellte daraufhin auf die Läufe und fiel rückwärts torkelnd nach hinten über die Böschung in die Dunkelheit! Meine Meinung dazu habe ich trotz größten Verlangens nicht kundgetan. Ich forderte die Zuschauer lediglich auf, sich doch endlich gänzlich zu entfernen, da sie die nun folgende und schwierige Arbeit meines Hundes nur stören und so das Leiden des Tieres unnötig verlängern würden.

Nach leerer Straße blieb mir nichts weiter übrig, als meine Terrierdame zur freien Suche mit erhofftem Stellen des kranken Stückes zu schnallen. Wenige Sekunden später erklang unweit selbstbewusster Standlaut in der vermutlich dichtesten Brennnessel-Schwarzdorn-Brombeerhecke der Welt mit abfallendem breiten Graben Richtung gut gefüllter Bleiche. Im Schein der Taschenlampe sah ich das Reh zwar, konnte aber entweder wegen Ästen, Bäumen oder Hund keinen Fangschuss anbringen. Zusätzlich wurde ich durch Gartenzäune, Müll und abgestellte, ausrangierte landwirtschaftliche Geräte so stark behindert, dass ich auch das langsame Weiterrücken der Bail nicht verhindern konnte.

Endlich hörte ich Hund und Reh unten im Bachbett plantschen und rumoren. Hubertus sei Dank, es ging gegen die leichte Strömung in Richtung Brücke. Also laufe ich schleunigst die gut 200 Meter im Bogen zurück um die beiden unter der Überführung zu erwarten. Dort stand ich dann im Dunkeln bis an die Oberschenkel im Wasser. Die Waffe lag griffbereit am nahen Ufer und das Messer blank in der Hand. Langsam kamen sie kämpfend näher, immer wieder einmal war mein Hund unter Wasser, aber er hing fest an der Drossel der Geiß. Als sie endlich in Reichweite waren, bohrte sich nach einem schnellen Schritt meine Klinge erlösend für alle hinter das Blatt des Rehs ins Leben. Nun konnte ich Anna und Reh aufs Trockene hieven. Sie bewachte ausgepumpt ihre Beute und ich holte das Auto.

Die Ricke fuhr ich dann gleich zu den Füchsen. Es waren mehrere Rippen gebrochen, ein Hinterlauf mit blankem Knochen, gesplittert, und es klaffte eine große Wunde am Rücken. Anna wurde abgerieben und verköstigt und ich genehmigte mir zuhause einen Obstler und etwas Gerstenbräu aus der Brauerei mit dem Eisvogel auf dem Etikett. Tags darauf dann die sachlich nüchterne Meldung an den Beständer „Wildunfall mit Reh Nähe Ortsschild, Geiß auf der Nachsuche erlegt und zum Luderplatz gebracht!"

Zausel Anna...

Alte Geiß

Unweit von dieser Stelle wurde ich irgendwann von Anwohnern telefonisch gebeten, doch nach einem augenscheinlich und wahrscheinlich tollwütigem Reh zu schauen, welches sich schon den ganzen Tag verdächtig am Bachufer aufhalte. Tatsächlich sah ich es auch, als es etwa 60 Meter vor mir in den Brennnesseln verschwand, bevor ich einen Fangschuss anbringen konnte. Krummer Rücken, steife Gelenke, stark abgekommen, ruppig und keine Abschürfungen am Kopf, so konnte ich den Tollwutverdacht entkräften, zumal Deutschland Tollwut frei war. Es war eine überalterte Geiß, wahrscheinlich noch von einem Auto erwischt. Anna musste ran.

Am Bachrand geschnallt, ging sie sofort in die

Büsche. Hundelaut und Rehklagen war eins, der Hund hing an der Drossel, sodass ein Abfangen leicht war. Auch dieses Reh wurde den Füchsen kredenzt und dem Beständer wie oben gemeldet.

Jagd ist angewandter Naturschutz!
(einst treffender Werbeslogan der Pirsch)

Erwähnenswert

Das Telefon in der Brusttasche meldete sich mit Vibration. Die zuständige Polizeidienststelle bat mich, doch möglichst schnell zu einem Wildunfall mit einem Reh an die Kreisstraße im Wald zu kommen. Das Reh lebe noch! Beamte seien schon vor Ort...! Hund, das als Abfangwaffe umfunktionierte Bajonett und den Nachsuchenrepetierer ins Auto bugsiert und zur nahen Unfallstelle geeilt, geschah binnen weniger Minuten, denn die nahende Dunkelheit und eine evtl. Nachsuche mahnten zur Eile.
Vor Ort staunte ich nicht schlecht über den, sich mir bietenden Anblick: Vier Polizisten, zwei Streifenwagen mit Blaulicht, ein lädierter offener

Sportwagen und ein weibliches Wesen, von offenbar besorgten Polizisten umringt, auf der Straßenmitte. Über die Schulter blickend, erkannten sie den herbeigerufenen Jäger und deuteten etwas weiter nach unten auf ein Reh. Das lag am Straßengraben auf dem Seitenstreifen und versuchte unter Schmerzen und Klagen mit wahrscheinlich lädierter Wirbelsäule die nahe Deckung zu erreichen.

Augenscheinlich hatten die Freunde und Helfer alles im Griff...! ... und ich wandte mich meiner Aufgabe zu. Situationsbezogen und des Tierschutzes wegen war unverzügliches Handeln geboten. Ich entschied mich fürs Abfangen. Im Hineilen zog ich den Stahl blank und setzte ihn hinter das Blatt ins Leben des Rehs. Der einzige, kurze und finale Klagelaut der jungen Geiß war deutlich zu hören. Sie hatte Milch in der Spinne. Noch beim Abwischen der schweißigen Klinge am Reh wurde ich derb getadelt, ob diese Brutalität denn sein müsste, auch im Angesicht der sensiblen Verursacherin des Unfalles. Zuerst fehlten mir die Worte. Dann begriff ich allmählich: Diese Dame war jung, sehr attraktiv und wurde buchstäblich von den Beamten umringt, bemuttert, „psychologisch" betreut und getröstet....! Woanders nennt man dieses Verhalten der menschlichen Spezies neben „Helfen" auch „Balzgehabe", „Baggern" oder „Schön-wetter-machen"!

Bremsspuren, Aufprallstelle mit Darmschlinge und Flugbahn des Rehs ließen mich auf stark überhöhte, auf alle Fälle aber nicht angepasste Geschwindigkeit in nahender Dämmerung und dazu noch im Wald schließen. Dies tat ich dann auch der Versammlung gegenüber in knackigen Worten kund. Etwas klein-laut meinte die Dame dann: ...es wäre doch jetzt noch keine Rehzeit...!

Der für den Tierschutz absolut gerechtfertigte Fang-schuss aus der Polizeiwaffe hätte wohl zu viel Schreibkram nach sich gezogen.

's ist schon ein Kreuz mit dem Terrgetier!

Ober-Moos, ich saß im Frühsommer nach Jungfüch-sen an (damals durfte man es noch in Hessen!). Er-gebnislos! Nach Einbruch der Dämmerung und Schwinden des Büchsenlichtes befuhr ich mit blan-ken Läufen einen asphaltierten Feldweg in Richtung Dorf. Zum vorschriftsmäßigen Verstauen der Waffe und zum Nässen von Anna und mir hielt ich an und stieg aus. Anna war nahe bei mir. Mittlerweile war die Dunkelheit völlig hereingebrochen. Keine zehn Meter neben mir gab die Töle plötzlich Laut. In nächster Sekunde war der Laut 200 Meter weiter weg! ... Jetzt wieder ganz nah! ... wieder weit!? ... das gibt es doch nicht!! Taschenlampe an und Nachsehen:

Links des Weges war eine Bauschuttdeponie, hoch aufgefüllt, mit steilem, rekultiviertem Hang zu mir hin. Dann kam ein Graben zur Ableitung des Oberflächenwassers. In meiner Nähe befand sich die Einmündung eines Rohres aus Kunststoff zur Entwässerung eben dieses Grabens. Dahinein war Anna verschwunden, wie ich am entfernten Bellen vernehmen konnte. Jahrzehntelange Erfahrung mit den Jagdterrieren sagte mir - WARTEN!! - Fuchswitterung stieg aus der Röhre! Nach einiger Zeit kam Anna völlig verdreckt über die sanft abfallende Wiese in meine Nähe um mir zu sagen, dass da Füchse sind! So ein Wautzi ist beim Jagen sehr schnell und bevor ich ihn packen konnte, war mein Mistvieh wieder in den Kanal eingeschlieft.

Weiter unten musste also ein Ausgang sein, wie hätte Anna sonst über die Wiese kommen können? Ich begab mich auf die Suche und wurde knappe 80 Meter unterhalb des Autos fündig. Ein großes Kunststoffrohr mündete hier in einen weiteren Graben, der dann offen am Weg entlang zum Bachlauf führte. Hier musste der Hund kommen, hörte ich ihn doch recht deutlich in dem etwas Wasser und Schlamm führenden, glatten PVC-Rohr. Der Kopf des Hundes wurde sichtbar. Aha, der Chef ist da, prima, dann kann ich ja weitermachen, hier sind ja doch Fuchsis...! Auf das „Hier komm her!" von mir kam der gedankliche Stinkefinger von Anna mit einer Kehrtwendung in die Röhre.
Wieder war ich zu spät und sie eingeschlieft. Jetzt aber bergauf, rutschig, und ein Drehen war für den

Hund in der glatten Röhre nicht möglich. Sie musste oben raus, denn ein Zurück gibt es für einen gestandenen Deutschen Jagdterrier nicht! Diesmal erwartete ich Anna oben direkt an der Mündung. Dazu musste ich aber jetzt wirklich im Schlamm und Morast knien, um motivierend in das Rohr zu rufen und immer mal kurz rein zu leuchten. Das Brackwasser des Grabens zog aufgrund des Dochteffektes verdächtig nahe in Richtung Unterhose...!

Die Krallen des Hundes fanden keinen Halt im Kunststoffrohr und so war es eine erhebliche Anstrengung für die Kleine, diese Strecke zu meistern. Sie musste sich immer wieder Ruhepausen gönnen. Auch ihr Laut war verstummt. Ich hörte nur Geplantsche, wenn sie wieder versuchte vorwärts zu kommen. Ständig ermunterte ich sie. Etwa zwei Stunden nach meinem Halt hielt ich das schlammige, nach Fuchs, Hund und Brackwasser stinkende, total platte Etwas, im Arm und bugsierte Anna, in Handtücher eingeschlagen und abgerubbelt, in ihre Kiste. Der Geruch hing noch tagelang im Forester. Zuhause duschten wir gemeinsam, und Anna schlief danach sofort tief und fest. Im Traum erzählte sie die gesamte Geschichte nochmal aus ihrer Sicht. Am nächsten Morgen kam sie nur unter Wehklagen aus dem Körbchen, so stark setzte ihr der Muskelkater zu.

Bei uns Zuhause wird seit Generationen ständig irgend etwas neu- oder umgebaut. Schon allein die Tatsache, dass ich Zimmermann in der X-ten Generation bin, bewirkt, das meiste, speziell im Rohbaubereich, selber zu machen. Das kostet Zeit, spart aber immense Summen und Kreditzinsen.

So baute ich über der Tenne meiner Scheune für mich eine Werkstatt für diverse Holzarbeiten. Hobelmaschinen und Sägen standen bereits, aber nicht betriebsbereit, da der Giebel zum Nachbarn schadhaft war und auch als Brandmauer ausgebildet werden musste. Dafür brauchte ich auch ein Arbeits- und Schutzgerüst. Natürlich waren meine Hunde dabei stets zugegen. Inmitten angestrengter Bauarbeiten flitzte eine Katze aus der Nachbarschaft unvermittelt an mir vorbei auf das Gerüst und von dort aus hinunter in den nachbarlichen Hof.

Dies wäre auch nicht problematisch gewesen, wenn denn mein Terrier nicht unmittelbar auf dem Fuße mit Jiff und Jaff gefolgt wäre und jetzt auch den Sprung in die Tiefe gewagt hätte. Das war immerhin ein Höhenunterschied von etwa 2,5 m. Auf den Laut des Hundes hinter der Katze folgte nun ein kurzer Knack und ein ebenso kurzer Schmerzlaut. Anna saß nun auf der nachbarlichen Freifläche und hatte den rechten Vorderlauf angehoben. Das untere Stück der Pfote stand abgewinkelt zum anderen Teil. Es war aber kein offener Bruch. (Samstag Nachmittag...!) Eilig kontaktierte ich meinen Tierarzt und konnte auch sofort die Praxis aufsuchen. Meine Zausel wurde schlafen gelegt, die Pfote gerichtet und steif gewickelt. Für den folgenden Sonntag Morgen stand die OP mit Einlegen eines Drahtes an. Ich durfte zugegen sein und hatte somit guten Einblick, wie so etwas gemacht wird. Neben der medizinischen Grundversorgung war auch handwerkliches Können und der Umgang mit Handmaschienen nötig. Die Veterinäre hatten Schweißperlen auf der Stirn. Hochachtung vor ihrem Geschick!

Nach 2 Stunden war Annas Vorderlauf gerichtet und gesichert. Wir hofften auf baldige Heilung mit vorsichtiger jagdlicher Betätigung, erst mal an der Leine. Dies funktionierte auch bestens die folgenden 4 Wochen mit und dann auch ohne Gips, bis …. ja, …. bis zur nächsten Katze im Hof. Zwar ging es diesmal nicht übers Gerüst, sondern quer durch die Scheune. Resultat war wieder eine leichte Schiefstellung des lädierten Laufes und erneuter Tierarztbesuch mit Schlafenlegen. Während der Narkose bog der Arzt den Lauf von Hand nach, denn der Draht im Inneren gab Stabilität. Das Werk wurde begutachtet und erneut zur Heilung eingegipst.

Den Wochen der Schonung folgte dann auch wieder uneingeschränktes Jagen, allerdings stand der Lauf kaum merklich schief. Terrier und Chef störte es aber nicht.

Die Ratte

Mein Nachbar Dieter, Metzgermeister und jagdlich interessierter Rentner, nicht zuletzt des schmackhaften Wildbrets wegen, steht mit mir an einem schönen Samstagmorgen zu einem wichtigen Plausch in unserem Hof. Wegen der Hofreinigung stand mein Subaru nicht am gewohnten Platz, sondern im Schulhof gegenüber. Das Mäuerchen mit niedrigem Eisengitterzaun zum Nachbar hin war dicht mit wildem Wein bewachsen, der bis auf das Pflaster herunter reichte. Anna war natürlich mit von der Partie, aber etwas weiter hinten in der Durchfahrt. In unser Lachen und Erzählen fährt der Terrier plötzlich neben uns in das Weingerank. Ein Quiekser und eine fette Ratte hing leblos in seinem Fang! Wieder stieg der Hund in Ansehen der Nachbarschaft! Auch sie bewältigte ähnlich wie Hexe sehr viele Nachsuchen, meistens am langen Riemen. Zur Stöberjagd geschnallt, kam sie meistens später als andere Hunde und immer total eingesaut, der Fuchsbaue wegen.

Anna wurde zwölf Jahre alt, baute dann rapide ab und starb an Nierenversagen. Nach ihr sollte kein Jagdterrier mehr angeschafft werden. Ich wäre zu alt für einen solchen Hund, und überhaupt, ...! so meine Damen einmütig zuhause.

Alf war schon bei uns und Anna-Nachfolgerin wurde Paula, ebenfalls eine Ardennenbracke.

Der verprellte Fuchs geht
nicht ins Eisen!

7. (Schein)heilig

Nach längerem Abwägen möchte ich diese Geschich-
te doch meinen Jagderzählungen hinzufügen.

Es ist viele Jahre her, der alte Pfarrer nannte mich
„Schwarzer Höllenhund". Vielleicht meiner pech-
schwarzen Haare, evtl. auch meines treuen, ebenfalls
schwarzen und ersten Jagdhundes „Arry" wegen, der
ständig an meiner Seite war, vielleicht aber auch we-
gen meines kritisch-vorlauten Mundwerkes in der
Religionsstunde. Trotz allem Ungemachs mit diesem
Herren meinerseits, spürte ich ein heftiges Zittern sei-
ner Hände auf meinem Kopf bei der Einsegnung an-
lässlich meiner Konfirmation. Streng lutherisch ver-
sah er sein Amt.

Während einer Kirchenrenovierung um 1960 hatte er
sämtliche, mir als Kind lieb gewordenen bunten Kir-
chenfenster und die gedrechselten Altarbalustraden
entfernen lassen. Seine kirchliche Weltanschauung

und sein vorausgegangenes Architekturstudium hatten ihn wohl dazu beflügelt. Ehrwürdige Grabsteine vergangener Jahrhunderte endeten aufgeschichtet in einer Ecke des Kirchgartens oder dienten als Füllmaterial. Selbst ein fränkisches Grab unter dem Altarraum wurde einfach dick mit Beton versiegelt.

Der Rasen des nunmehr eingeebneten Kirchgartens war nun jahrzehntelang recht einfach zu pflegen. Mähen und etwas Hecken schneiden genügte, dem Zeitgeist entsprechend. Gepflanzt wurden damals eine Blutbuche hinten in der östlichen Ecke, drei Sitkafichten, Forsythien, ein Zierwacholder und Latschenkiefern. Niemand machte sich Sorgen um lästige Insekten oder Bienen …! Dieser Zeit angepasst, hauptsächlich aus Zeitnot, aber auch des Pastors wegen sah mich die Kirche nur noch selten im Inneren. (Willste net in die Kirch, schellste uffen Parre!) Irgendwann ging er hochbetagt in Rente.

Ein neuer, junger Pfarrer, ungefähr in meinem Alter, übernahm dann dieses wichtige Amt in unserem Dörfchen. Er konnte super predigen und war allgemein auch sehr leutselig. Seine Gemeinde liebte ihn. Er hatte sich mit Jazz und Tanzmusik sein Studium finanziert, so kam es jedenfalls glaubhaft herüber. Naturverbunden, ökologisch und mittlerweile im „neuen" Trend grasgrün mit besonderer Tierliebe verkündete er damals nach und nach die Verbundenheit von Mensch und Tier. Insgesamt ist dies in meinen Augen auch nichts Verwerfliches, wenn man auch danach handelt und lebt. Tiergottesdienste und Fernsehandachten ließen ihn in der Folgezeit in immer höhere Sphären steigen. Durch neu ins Leben gerufene animalische Hilfsorganisationen flossen massenhaft Spendengelder. Sein Pfarramt wurde vernachlässigt und augenscheinlich zweitrangig!

Zu mir hatte er eher ein gespaltenes Verhältnis, zumal ich zum Einen eigentlich ein brauchbarer Mann vom Bau und zum Anderen Jäger, also ein potenzieller Tiermörder in unserer Gemeindejagd war. Aber meine Arbeiten als Zimmermann wusste er besonders zu schätzen. Dadurch entstand u.a. ein wirklich sehenswertes Fachwerkhäuschen als Hühnerhaus in seinem prämierten Naturgarten hinter der Kirche, quasi zum Nulltarif. So dümpelten wir einige Jahre nebeneinander her. Zu seiner Ehrenrettung darf ich aber nicht verschweigen, dass er meiner Familie und mir in einer sehr schweren Zeit Trost und Zuversicht gegeben hatte. Es war also auch familiär ständig ein Geben und Nehmen, ein Auf und Ab zwischen uns.

Oben anknüpfend; ich bin Jäger. Demzufolge war ich auch sehr oft draußen, auch während Zeiten, in denen der Normal-Sterbliche meistens arbeitet oder schläft. So beobachtete ich öfters bei Ansitz oder Pirsch, dass er seine alten Hunde am Fahrrad hinterher schleifte und zerrte, auch wenn sie augenscheinlich Schmerzen beim Laufen hatten. Sie konnten nicht mehr so, wie der große Tierschützer es wollte, aber es diesen armen Kreaturen strikt befahl. Er hatte sie ja schließlich aus dem Tierheim „gerettet"! Immer wieder Neue…!

Hinkelhäusi

So auch „Kyra". Eines Morgens kam ich vom Revier-
gang an der Hohlhecke herunter. Dort am Ende stand
Familie Hochwürden und rief zornig-hilflos diesen
Hundenamen noch bevor sie mich gesehen hatten. In-
teressiert blieb ich nach dem höflichen „Guten Mor-
gen" zum Plausch bei ihnen stehen. Dies war ihnen,
wie ich situationsbezogen vermutete, überhaupt nicht
recht. Zwei ihrer Hunde waren zwar ordnungsgemäß
angeleint, aber ihr frommer Blick ging verlegen jen-
seits an der langen Hecke nach oben. Mehrere Fasane
stiegen dort hoch. Das hilflose Augenrollen des Pfar-
rers kann man sich gut vorstellen, aber auch das
Grinsen des Jägerleins. Ich hatte sie peinlichst erwi-
scht und kostete es natürlich vornehm-erhaben aus.

Während ihrer verzweifelten Ausreden mit Blick zu
mir, kam jetzt „Kyra", ein „Englisch Setter" vom

Feinsten, und brachte, wie er es wahrscheinlich schon immer getan hatte, eine Fasanenhenne, die er gegriffen hatte. Aus Erfahrung wusste ich mit der entstandenen Situation umzugehen. Fasanenhennen ducken oder drücken sich einfach und lassen sich ohne Gegenwehr und Geflatter vom Hund greifen. Sie werden vom guten Vorstehhund wie ein rohes Ei getragen.

Noch bevor nun das drohende himmlische Donnerwetter über den Hund hereinbrechen konnte, lobte ich „Kyra" überschwänglich und lockte sie mit den, ihr bekannten und jagdüblichen Worten. Unter den verdutzten Pfarrersaugen kam sie zu mir, setzte sich und gab einfach so aus, wie sie es gelernt hatte und sich für einen guten und wohlerzogenen Jagdhund gehört. Ein außenstehender Hundefachmann hätte sie jetzt absolut für meinen Hund gehalten. Ich nahm die Henne ruhig aus ihrem Fang nun in beide Hände und warf sie hoch in die Luft. Sie breitete die Schwingen und strich einfach wieder gesund ab. Dies war ein Paradestück jagdlicher Hochkultur und unverhoffter Hundearbeit, wofür ich eigentlich gar nichts konnte. Es hatte sich einfach so ergeben. Ein nun sprachloses Pfarrer-Ehepaar auf der einen, der ach so böse Jäger mit (Pfarrers) Hund auf der anderen Seite…! Dumm gelaufen, Familie Hochwürden!

Mein „Gustav" ging kurze Zeit später unerwartet auf die große Reise. Welche Umstände „Kyra" ins Tierheim brachten, weiß ich leider nicht. Neben „Ricke" hätte ich diesen Jagdhund aber gerne als Nachfolger meines treuen Kurzhaares übernommen. Ich teilte dem Pfarrer diese Überlegung mit, bekam allerdings ein klares: „Nein, niemals zu einem Jäger! Jagen und Tiere töten helfen, das geht gar nicht!" zu hören.

Dieser ältere Jagdhund hätte seine letzten Jahre, so denke ich, seiner Herkunft entsprechend in guter Jägerfamilie mit aktivem Jagen und Arbeiten bei mir verbringen können. Sein trauriges Ende ein paar Jahre später erspare ich mir an dieser Stelle lieber.

Eine tierschützerische und weltliche Groteske seitens seiner Heiligkeit reihte sich ständig an die Andere. Irgendwann lief das Fass über …!

Viele Jahre danach traf ich ihn im Vogelsberg zufällig wieder. Er war mit einem Mountain Bike unterwegs. Meine verwunderte Frage nach seinem Ansinnen hier in der Gegend beantwortete er mit dem Zeigen auf ein leerstehendes Haus am Waldrand, welches er zu Kaufen beabsichtigte. Meine ironisch-grinsende Entgegnung: „Mach´s besser nicht, du weißt, dass ich hier fast jeden kenne und auch hier zur Jagd gehe!

Gedankensprung:

Die anfänglich erwähnte Blutbuche strotzt heute vor Gesundheit und ist das Bild eines Solitärbaumes schlechthin. An die Stelle der Sitkafichten, die ein Sturm mächtig bedroht und fast gefällt hätte, sind Kornelkirschen, Mönchspfeffer und Blutpflaumen getreten. Stiel- und Traubeneichen, zu Hubertus von mir gepflanzt, incl. einer Winterlinde runden jetzt das

Kirchgelände ab. Sie werden den nächsten Generationen, so Gott will, hoffentlich angenehmen Schatten spenden. Ein gestiftetes Apfelbäumchen wächst und gedeiht als „Baum der Erkenntnis", und in Planung ist neben einer rustikalen Sitzecke eine Rosenlaube und bunte Insektenflecken. Endlich ist hier jetzt Ruhe und Beschaulichkeit eingekehrt.

Angemerkt: Im Laufe meines doch schon längeren Jägerlebens lernte ich auch zwei Jägerpfarrer kennen, vor deren Handeln, ehrlicher Auffassung zu Schöpfung, Kirche, Umwelt und Natur ich nur den Hut ziehen kann.

Wenn du immer nach dem Wetter schaust
und den Wind nicht magst,
wirst du niemals säen und ernten

8. Bergjagd

Schleching in den Chiemgauer Alpen, gleich hinter der Kampenwand am Grenzübergang zum österreichischen Kössen hin gelegen, war für einige Jahre unser Urlaubsort. Von ganz flach bis, für mein oberhessisches Mittelgebirgsempfinden, gemäßigtes Hochgebirge war alles in dieser Region möglich. Natürlich sah ich Land und Leute meistens durch die jägerische, lodengrüne Brille, versuchte aber mein familiäres Umfeld möglichst nicht damit zu behelligen, außer, dass ich mir damals im Bayrischen irgendwann eine hirschlederne Kniebundhose kaufte, die mit und an mir dank eingenähter Zwickel ständig gewachsen ist. Irgendwann habe ich ihr dann noch nach ungefähr 30 Jahren auch die Kniebünde entfernt, da meine Waden dem übrigen Körper nicht nachstehen wollten und ebenfalls etwas zugelegt hatten!

Auf unseren Bergtouren spielte sich für mich in meinem Kopf des öfteren die Erlegung von Gams und Hirsch ab, wobei ich aber auch stets auf das „Liefern" achtete. Die 200 Meter sind wohl leicht geschossen, aber dann müsste man 100 Meter steil bergab durch die Schlucht und dann wieder 150 Meter bergan durch unwegsames Gelände kraxeln, Gams aufbrechen, schultern und das Ganze wieder zurück. Natürlich hätte ich in jüngeren Jahren gerne auch eine Krucke an der Wand gehabt. Auch körperlich wäre ich allemal dazu in der Lage gewesen, hatte aber damals nicht das nötige Kleingeld und die Zeit dafür. Für diesen enorm aufwändigen und mühsamen Job bin ich heute als Flachlandtiroler sowieso nicht mehr geeignet und ausreichend trainiert. Hingehen, schießen und alles andere von Helfern machen lassen, das ist nicht mein Ding. Hut ab vor der Arbeit der Bergjäger!

Aber das Erleben reizt. Irgendwann mal im Urlaub beschloss ich für mich allein an einem Morgen vor Tau und Tag, nämlich um 2.00 Uhr, von der Talstation der Bergbahn auf knapp 1600 Meter aufzugehen. Dort vermutete ich Rotwild, wie mir Fährtenbild und Losung auf vorangegangenen Wanderungen verrieten. So geschah es dann auch. Noch in der Finsternis setzte ich mich mit meinem Zeiss und Bergstock auf den vorher ausgesuchten Baumstubben zwischen großen Felsbrocken und einem Latschenanflug. Langsam dämmerte der Tag in der Morgenkühle. Auf der Matte zur Rechten bergan ästen tatsächlich zwei Alttiere mit ihren Kälbern. Auch ein geringer Achter vom 2. Kopf gesellte sich dazu. Rot glühte der Geigelstein im Sonnenaufgang. Das war für mich Faszination pur. Zufrieden schickte ich ein kleines Dankeschön in den morgendlich strahlenden Berghimmel. Ergänzend dazu kam, dass sich mittlerweile auch einige Murmel auf der sonnigen Alm vor mir ein imposantes Stelldichein gaben. Jagern ist schön!

Plötzlich gewahrte ich unweit von mir ein Räuspern. Neugierig und leicht verlegen drehte ich mich langsam etwas nach links und gewahrte augenscheinlich zwei Jäger, die ebenfalls diesen Ort zum Ansitzen gewählt hatten, und nur einen Steinwurf weit neben mir wie ich in Deckung saßen. Leicht kann man sich den Schrecken von mir vorstellen, wenn etwas schussbares, z.B. ein passender Rehbock, gekommen wäre! Eine Waffe sah ich aber bei meinen „Standnachbarn" nicht. Auch wurde nicht geklärt, wer zuerst vor Ort war und den Anderen eher bemerkte. Mit Bestimmtheit waren beide Parteien zuvor in der Dunkelheit geräuschlos pirschend unterwegs. So gab es jetzt nur ein freundliches „Grüß Gott!" von beiden Seiten und wir gingen unserer Wege; ich wieder den Berg runter zum Frühstückstisch, denn die Familie könnte mittlerweile ausgeschlafen haben.

Einige Jahre später sah ich zufällig im Bayrischen Fernsehen eine Reportage über Wilderei in Oberbayern. ...Schleching sollte da bundesweit führend sein!

Wir mit Tochter und Familie K. mit Sohn bereisten wieder einmal urlaubsmäßig den Chiemgau und Umgebung. Diesmal war ich nicht so auf das Jagen abgestellt, war doch das Oberhaupt der befreundeten Familie sehr der Fischerei zugetan. Dass er viele Jahre danach auch noch den Jagdschein „von Amts wegen" machen würde, konnte damals noch niemand ahnen, schimpfte er doch meist auf die Förster speziell und die Jäger im Allgemeinen. Viel mehr interessierte mich u.a. in diesem Urlaub das Angeln, um zu sehen und zu erleben, wie es da zugehen könnte.

Unser Profiangler hatte wohlweislich alles an Petrigerätschaften den Reiseutensilien zugepackt, was irgendwie und eventuell gebraucht werden würde. Der anvisierte Angeltag war angebrochen und die Formalitäten erledigt. So schleppten wir alle Gerätschaften morgens nach dem Frühstück an den auserkorenen See. In dem dorfnahen, relativ großen und teilweise waldgesäumten privaten Forellenparadies durfte man auch ohne Fischereiprüfung seinem Hobby fröhnen. Dies war für mich besonders wichtig, denn wildern wollte ich nicht, falls ich eventuell auch mal probeweise ein Würmchen baden sollte!

Ebenfalls erwähnenswert ist, dass wir zu damaliger Zeit zur Dokumentation der Urlaubserlebnisse eine Super-8-Kamera dabei hatten, die meist ich bedienen musste. Nicht immer funktionierte das so, wie es eigentlich sollte, was aber überwiegend an meinem mangelbehafteten Technikverständnis lag.

Zurück zum Teich: Nach ausgiebiger Prüfung des mindestens ein Hektar großen Bergsees wurde dieser als gerade ausreichend befunden, zumal auch der Besatz zu wünschen übrig ließe, so die Meinung des

Chefanglers. Mit Knödelteig geködert, sollte die Beute doch noch reichlich ausfallen, meinte ein einheimischer Junge, der sich als sehr geschickt im Umgang mit Rute und Kescher erwies und schon einiges im Eimer hatte. So schlecht konnte es also nicht sein.

Nach ausgiebiger Inaugenscheinnahme des Ufers wurde eine passende Rutensteck- und Auswurfstelle gefunden und der Petrijünger machte akribisch sein Angelzeug fertig. Ich ging mit besagter Kamera etwas weiter zurück, halb schräg hinter einen Weidenbusch, um das für mich neuartige Geschehen aus bester Position auf die Acht-Millimeter-Spule zu bannen. Unsere Damen und Kinder beobachteten die Szenerie ebenfalls aus gebührender Entfernung; zu leicht hätte sich der Haken, der für ein Fischmaul bestimmt war, doch im Hinterteil eines Zuschauers verfangen können. Sausen in der Luft, bedingt durch geschmeidiges Schwingen der Angelrute und Surren der Kamera, kurzes Innehalten - dann Fluchen vom Werfer, - Sch... Weidenbusch, der Haken hängt! - Verdammt - hektisches Drehen an der Kurbel! - fest hing er, aber nicht an einem Ast.

Wir anderen sahen, was der Wurmbademeister des Busches wegen nicht sehen konnte, nämlich den Biss eines großen Fisches. Das Angelfieber hatte jetzt die Damen nebst Kinder gepackt, mich natürlich auch, und so feuerten wir gemeinsam den Chefangler an, endlich anzuhauen und zu ziehen. So geschah es dann auch, und K. förderte mühsam eine 53-Zentimeter-Forelle an Land. „Petri Heil"!

Darauf folgten Wurf und Biss, Wurf und Biss in dem „dürftig" besetzten See; unendlich hätte das so gehen können. Diese gefangenen Forellen bereitete uns die Chefin des Gasthauses in Wagrain zu, und noch heute läuft mir bei dem Gedanken an dieses köstliche Abendessen das Wasser im Mund zusammen. Ich hatte als quasi Gegenleistung zu Hause für die dortige Schützengesellschaft etwas illegal Schwarzpulver für die bayrischen Böller besorgt. Oberhessen und Oberbayern, kaum zu glauben, welche Harmonie! Auch machte ich in diesem Zusammenhang erste Erfahrungen mit einem Alphorn, dessen Klangfülle mich heute immer noch im Griff hat.

Ungefähr 25 Jahre danach machten meine Frau und ich mit Anna am gleichen Ort nochmal Urlaub und mussten feststellen, dass wir doch in die Jahre gekommen waren und die Bergwanderungen nicht mehr so glatt liefen wie damals. Bergan, vielleicht alle hundert Meter, je nach Steigung, mussten wir stehen bleiben um die Gegend zu bewundern, hauptsächlich aber, um wieder zu Atem zu kommen! Alles hatte sich verändert. Es gab keine Seilbahn mehr, die meisten Gaststätten hatten geschlossen und die Menschen kamen mir fremd und gleichgültig vor.

Aufgrund der sich mittlerweile bei mir langsam einstellenden körperlichen Gebrechen lege ich die Bergjagd, die ich in jüngeren Jahren gerne durchlebt hätte, gedanklich ad acta. Mich irgendwo auf eine Hütte karren lassen, dann den Finger krümmen, anschließend liefern und aufbrechen lassen, das ist nicht meine Welt, betonte ich aber auch schon an einem anderem Ort!

9. Schlumpschüsse

Diese Erzählungen beruhen natürlich auf Tatsachen, gepaart mit Emotionen, Zwängen, Waffen, Pech und Glück. Manchmal passieren sie einfach, man will es überhaupt nicht, ist aber nie davor gefeit. Das Damoklesschwert eines sogenannten „Schlumpschusses" schwebt ständig über uns.

Erstes einprägsames Erlebnis dieser Art ereignete sich während meiner ersten Anstellung. Fast für den gesamten weiblichen Rehwildabschuss war ich als Jungjäger verantwortlich. Eigentlich war es nicht im Sinne der Waidgerechtigkeit, einem unerfahrenen Jungjäger diese Verantwortung aufzubürden. Trotzdem war ich aber stets bestrebt, sauber und anständig zu jagen. Ich hatte damals viele Fragen zum Jagdbetrieb, bekam aber nie eine befriedigende Antwort. Es wurde von der Jagdherrschaft nur gefordert und im Nachhinein negativ kritisiert.

Der Beständer brauchte dringend ein Reh zum Wochenende für Freunde. Ich sollte das umgehend erledigen, und setzte mich deshalb unter Erlegungsdruck auf die Wann-Kanzel. Hier in den Streuobstwiesen am Waldrand herrschte die meiste Zeit Ruhe, und das Rehwild trat entsprechend früh aus. Mit auf dem Hochsitz war meine Zukünftige, die sich in das Jagen hineindenken und es mit mir erleben wollte. So kam es dann auch, dass eine einzelne Geiß alleine zwischen den Obstbäumen herumlungerte. Im passenden Moment ließ ich dann fliegen. Das Stück zeichnete allerdings mit krummem Rücken und tat sich wenige Meter hangab hinter einem dicken Apfelbaum nieder, ohne mir die Chance auf einen Nachschuss zu lassen. Hilflos hatte ich Schweißperlen auf der Stirn…! Hingehen und Aufmüden, Abwarten, die Qualen der Ricke vor Augen, Engelchen, Teufelchen, alles Tun kann verkehrt oder richtig sein.

Wir warteten. Leise flüsternd und ihr die Situation erläuternd, sahen wir immer nur kurz den Windfang des Rehs, mal höher und dann wieder völlig im Gras abgelegt. Wir fühlten die Schmerzen der Kreatur verzweifelt mit…! Endlich regte sich nichts mehr. Dies waren die längsten zwanzig Minuten meines Lebens. Das Stück hatte einen tiefen Gescheideschuss, warum auch immer…!? Stress …? Gemuckt …? Geschossen hatte ich mit meiner Voere 7 x 64, die eigentlich immer verlässlich ist, bis heute!

Gleiches Revier, einen geringen Jährling hatte ich frei. Er stand in der Nähe der alten Försterei auf einer Waldwiese. Auf dem Sitzstühlchen an einem Baum erwartete ich ihn. Er kommt. Ich schieße relativ schnell, da er nervös sichernd ständig in Bewegung ist und mir dadurch wenig Zeit ließ. Ruck-Zuck hätte er auch über die rückwärtige Straße verschwunden sein können. Mit schlenkerndem Vorderlauf geht er hochflüchtig ab! Gott sei Dank habe ich Arry, der mir schon sehr oft in dem einen oder anderen Notfall geholfen hat. Ich war mir sicher, er findet und zieht das Stück nieder! … wie immer!

Nach angemessener Zeit nehme ich meinen „Alten" an den Schweißriemen und wir arbeiten die Fährte ein Stück weit aus. Jetzt bricht der Bock vor uns weg. Voller Zuversicht schnalle ich Arry, warte und lausche. Nichts tut sich. Arry kommt nach einer Weile humpelnd zu mir. Er hat große Schmerzen. Ich hatte einfach übersehen oder wollte nicht wahrhaben, dass mein Kumpel alt geworden war und zu dieser Hetze eigentlich nicht mehr fähig war. Die Nachsuche mit einem Profi verlief ebenfalls erfolglos. Allerdings konnte ich das Böckchen drei Wochen später fast an gleicher Stelle nachmittags erlegen. Am linken Vorderlauf waren die Sehnen oben durchschossen. Vier Zentimeter höher und er hätte mit geöffneter Kammer im Knall gelegen.

Wir hatten enormen Wild- und Wiesenschaden im Vogelsbergrevier. Dagegen half nur sitzen und sitzen. Wir wechselten uns meistens ab, je nachdem wie der nächste Tag arbeitstechnisch gestaltet war. Irgendwann im Spätsommer hatte bei gutem Mond aber niemand Zeit zum Ansitz. Bei mir war der Abend zwar frei, die folgenden Tage aber restlos verplant mit einer Klassenfahrt an und auf der Lahn. Es war abgesprochen, dass ich bei einer evtl. anfallenden Nachsuche nicht dabei sein könnte. Der Jagdherr sagte seine Hilfe zu. So konnte ich mich mit gutem Gewissen der Schadensabwehr widmen. Es wird schon alles glatt gehen, wie immer, redete ich mir ein und wollte meine Skrupel verdrängen.

Ich saß am flachen Nord-Westhang mit bester Sicht zum Hillers hin. Lediglich die rechte hintere Ecke wäre für einen sicheren Schuss zu weit gewesen. Warten wir, was passiert. Insgeheim hoffte ich aber darauf, dass hier heute keine Sauen kommen würden. Weit gefehlt! Eine mittlere Bache mit sechs Frischlingen, so um geschätzte zwanzig Kilo begann munter und ausgerechnet in dieser Ecke zu brechen. Der Wind stand gut, aber sie kamen nicht näher. Angehen war angesagt. Das klappte auch recht gut. An einem Koppelpfosten wollte ich mich sicher einrichten, ließ aber die Sauen dabei nicht aus den Augen. Ich war noch nicht ganz fertig, da bekam mich die Bache spitz und startete sofort einen Angriff gegen den vermeintlichen Feind. Natürlich wollte ich die Chefin der Rotte nicht erlegen und nahm rasch den nächstbesten Frosch knieend ins Absehen. Im Schuss drehte die nun bedenklich nahe gekommene Bache erschrocken ab, und die Gefahr war somit gebannt. Erleichtertes Aufatmen meinerseits.

Die abgehende Rotte hatte den beschossenen Frischling mitgenommen. Am Anschuss fand ich aber neben Wildbretschweiß auch ein Stückchen Röhrenknochen, vermutlich vom Vorderlauf. Jetzt hatten wir den Schlamassel, den man sich in keinem Fall wünscht. Das Weitere lief aber so ab, wie es verabredet war. Der Jagdherr war zugegen als der Revierförster mit seiner Bracke die Nachsuche startete. Sie führte über das Hillersbächlein zum Staatsforst. Ich war zu dieser Zeit schon im Kanu auf der Lahn. Natürlich hielten wir Telefonkontakt über den Verlauf der Suche. Sie erstreckte sich über mehrere Kilometer und am frühen Nachmittag konnte Axel endlich den Fangschuss antragen. Huberti sei Dank!

Eigentlich gut geschossen, dennoch ein Schlumpschuss vom Feinsten!!

Ausgangslage: Sauen im Weizen von „Reinemersch", große Katastrophe und Haareraufen; „Eijejaiejai, ihr mussd emol äbbes dun!"

Nach der Erlegung eines Überläuferkeilers von Hermann, einem lieben Lehrerkollegen, hatten wir wenige Tage Ruhe. Dann setzte sich das muntere Schmatzen auf der anderen Seite des Ackers fort. In Ermangelung einer dort passenden Ansitzgelegenheit bei Regen und Wind wählte ich das trockene Auto. Bei nur angelehnter Türe ist lautloses Aussteigen und Hören möglich. Immer wieder lauschte ich angestrengt in die Sommernacht.

Lange nach Mitternacht waren sie den Geräuschen nach dann doch ganz in meiner Nähe. Woher kamen sie? Ich stand schussbereit mit Bergstock und Blick auf den Feldrain und die näheren Lagerflächen im Weizen. Tatsächlich kommen eine ganz „Dicke" und eine wesentlich Schwächere hintereinander auf den Weg und sichern. Ganz klar, Bache mit Frischling…! Die Kleine passt und ich schieße. Sie geht zurück ins Getreide. Ich lasse etwas Ruhe einkehren und nehme Hexe, meine routinierte Terrierhündin, an den Schweißriemen. Schnell finden wir die Überläuferbache, aber meine raubautzige Dame sagt mir, dass sich hier noch etwas tut. Jetzt sehe auch ich im Schein der Taschenlampe eine (und einzige) angelutschte Zitze an der Sau und schnalle sofort den Terrier. Kurz darauf klagt der gestreifte Frosch noch einmal kurz, und dann ist Ruhe.

Im Nachhinein war ich mit dem Ausgang dieser Aktion doch zufrieden, denn der tatsächlich einzelne Frischling folgte bald seiner Mutter. Ich war felsenfest davon überzeugt, die Dicke wäre die führende Leitbache. Auch hielt ich mich an die alte Jägerweisheit: Nicht das erste Stück beschießen!

Weihnachten nähert sich mit Riesenschritten. Es wird Zeit, die Gefriertruhe etwas aufzufüllen, denn darin sah es mau aus. Die ersten Vorbestellungen an Wildbret waren schon eingegangen und die Kirrungen mittlerweile wieder aktiviert. Ziemlich regelmäßig fährtete ich zwei Küchenschweinchen an Alteburg und Knochenbrecher. Doch es wollte einfach nicht klappen. Sie kommen zu früh, zu spät, oder sie kommen gar nicht. Wind, Wetter und das Licht sind ein anderes Mal gänzlich unpassend, oder mir kommt etwas dazwischen, sodass ich nicht zum Ansitz gehen kann. Nachtsichttechnik lehne ich prinzipiell ab, an der Kirrung sowieso.

Ich sitze, wie so oft, zeitig am „Knochenbrecher" und warte auf die Schweinesonne. Allmählich kommt Licht durch die Altfichten. Die Schatten tanzen trügerisch auf dem Äsungsstreifen. Die Kirrkästchen kann ich vage erkennen. Es ist alles ruhig. Irgendwann schiebt sich wieder eine dunkle Wolke vor den noch dürftigen Halbmond. Ich denke an den Nachhauseweg. Beim gemächlichen Packen der Utensilien höre ich einen einzigen Knack weit links hinter mir….!

Stopp! Abwarten…! Im Bewuchs des Wildackers erkenne ich jetzt eine Bewegung im diffusen Licht. Sau …! Wo ist sie? Glas hoch, ...ach ja, da …! Waffe langsam hoch, weg ist sie ... jetzt wieder ganz nahe, aber bei mir im toten Winkel!... Passt nicht! Ich setze ab und warte. Mit den Ohren kann ich sie orten, mehr aber nicht. Im hinteren Teil ist es jetzt wieder hell genug. Jetzt sehe ich eine durchs gedimmte Absehen an einem Kirrkästchen breit und schieße eigentlich aber doch aufgewühlt und hektisch. Dann weiter rechts unter mir ein deutliches Anfliegen im trockenen Geäst. Die Sau liegt, wie es die Geräusche mir sicher verraten.

Paula, meine Ardennenbracke, kommt an den Schweißriemen. Am vermeintlichen Anschuss erkenne ich nur Eingriffe. Paula interessiert sich kaum dafür ...seltsam! Sie geht allerdings ein paar Meter weiter hinten interessiert hangabwärts. Ich nehme sie nach wenigen Metern weg mit dem Gedanken, das dürfte höchstens die Zweite gewesen sein. Zu deutlich hatte ich doch das Anfliegen rechts gehört! Ich setze sie erneut an den Eingriffen an. Lustlos ungläubig folgt sie der Fährte zu einem Reisighaufen, an dem frisch geknickte Ästchen zeigen, da ist was durch, aber augenscheinlich gesund.

Jetzt lasse ich Paula doch ihren Willen und wir gehen zurück zu Nummer Eins. Sie arbeitet gewohnt ruhig zu einer umgefallenen Fichte. An dieser liegenden Krone zeigt sie mir den ersten Schweiß und etwas Darminhalt. In Gedanken entschuldige ich mich bei meinem Hund und lobe sie. Sie hatte wieder einmal Recht. Ich umschlage das Geäst. Die Krankfährte geht später im linken Haken auf eine Rückegasse. Hier ist der Abraum besonders sperrig. Es hilft nichts, wir müssen da durch. Spärlicher Schweiß auf der Wundfährte bestärkt uns. Nach etwa achtzig Metern nimmt Paula den Kopf hoch und zeigt gespannt in Richtung eines Brombeerverhaues. Im Schein der Taschenlampe sehe ich erst eine Bewegung der Halme und dann den Rücken einer offensichtlich schwer kranken Sau, die langsam wegrutschen will. Ich schnalle Paula, damit sie stellen oder sich wehren kann, denn ich wusste ja nicht, wie schnell und krank die Sau tatsächlich noch ist. Sie verbellt mit einigem Abstand, sodass ich gefahrlos den Fangschuss halb schräg von der Seite aus antragen kann. ...Sau tot! Paula und Diana sei es gedankt.

Da lagen jetzt ungefähr sechzig Kilo Wildschwein in der Nähe der langen Rückegasse. Zuerst lobte ich noch mal meinen Hund ausgiebig an unserer Wutz. Den direkten Weg zum Auto zu finden, bereitete danach doch einige Mühe bei trüber werdender Taschenlampe und mittlerweile wieder dunklem Himmel mit einsetzendem Regen. Ich komme nur langsam voran und stellte den Forester nach seiner Auffindung später oben auf dem Forstweg an der Einmündung des Rückeweges ab. Jetzt begab mich mit dem Schlepphaken den beschwerlichen Weg bergab zur Sau. Es war eine Überläuferbache. Zur Erleichterung des Transportes entfernte ich schon mal Magen und Gescheide. Dabei kamen drei noch nicht voll entwickelte Frischlinge mit zum Vorschein. Wären sie so jung durch den rauen Mittelgebirgswinter gekommen…? Besser nicht groß nachdenken, den Haken am Wurf einhängen und los, jetzt bergauf, bergrunter gab es nur Brombeeren satt! Der Schweiß lief mir aus allen „Knopflöchern". Mit vielen Pausen und dampfend kam ich endlich oben an. Als die Wutz dann im Körbchen lag, konnte ich ihr dankbar den „letzten Bissen" geben und ich mich mit dem Erlegerbruch am Hut schmücken.

Oben erzählte ich von Kugelschüssen als Schlumpschüsse. Als solche sind sie meistens klar erkenntlich, da lediglich nur ein Geschoss auf ein Stück ist Verwendung findet. Aber wie sieht es bei einem Schrotschuss aus?

Schon in frühester Jugend begleitete ich den Onkel zur sonntäglichen Streife auf Rebhühner im Heimatrevier. Seine „Cilly" hatte ich üblicherweise an der Leine. Onkelchen konnte sich so besser auf das Wild und seine Flinte konzentrieren. Ich schnallte den Hund dann auf Anordnung zur Suche. Auf seinen Schuss fiel meistens auch ein abstreichendes Huhn vom Himmel. Aber immer stieg die gesamte Kette auf, eines wurde anvisiert und dann gedrückt. Natürlich freute ich mich, wenn ich dann dieses Huhn an den Galgen (Trageschnüre für Flugwild) nehmen konnte.

Es dauerte doch einige Zeit, bis ich mir damals darüber klar wurde, dass die Schrotgarbe weiter streut, und Randschrote ein anderes Huhn unbeabsichtigt und unbemerkt treffen und somit verletzen könnte. Dies ist auch bei Fasan, Gans und Ente nicht anders…! Lediglich auf den einzeln aufstehenden Hasen konnte man sicher sein, keine andere Kreatur verletzt zu haben. So bleiben bei mir doch immer beim Flugwild Vorbehalte, den Tierschutz betreffend.

Ein anderer Schlumpschuss kann unbeabsichtigt auch durch Geschosssplitter verursacht werden. Ein zweites Stück steht beispielsweise noch in der Deckung oder weiter ab und wird nicht wahrgenommen. Ein Geschossrest dringt in den Wildkörper. Es geht unbemerkt wie gesund ab und verludert irgendwann, wenn nicht Fuchs, Wolf oder Luchs vorher rettend eingreifen.

Erleben, Empfinden, Handwerk!

Das ist Jagd!

10. Erste Anstellung

Meine erste Anstellung als Jagdaufseher in einem großen Revier am Rande der Wetterau bekam ich wenige Monate nach bestandener Jägerprüfung auf Empfehlung des Haumeisters X. Er selbst hatte wenig Zeit für die Jagd und war auch nicht besonders passioniert. Seine beiden Söhne spielten damals in unserem Orchester, wodurch auch eine lockere Freundschaft entstanden war.

Noch vor meiner Jägerprüfung lernte X in diesem Zusammenhang auch meine Hunde Nicki und Arry kennen. Ein Jagdgast hatte eine Sau beschossen. Er, als Jagdaufseher ohne Hund, sollte sich der Sache annehmen. Jagdherrschaft und Schütze hatten anscheinend Wichtigeres zu tun! X bat mich zur Kontrollsuche. Mein Rauhaarteckel Nicki hatte schon einige Nachsuchen erfolgreich hinter sich und so kam er wieder zum Einsatz. Vom zertrampelten und vermeintlichen Anschuss weg mit Eingriffen aber ohne Schweiß tüftelte der Kleine gemächlich buchstabierend die einzelne Fährte aus. Nach rund 300 Metern nahm das Wutzchen eine Suhle an, um sich danach ausgiebig an einer Eiche zu schrubbern. Hier brach ich die Suche in der festen Überzeugung ab, dass der Gastjäger einen Fehlschuss gelandet hatte.

Aus heutiger Sicht war dies ein höchst riskantes Unterfangen, da ich teilweise auf dem Bauch hinter Nicki am Schweißriemen durch das streckenweise dichte Unterholz kriechen musste. Was hätte alles passieren können, wenn mich die vermeintlich kranke Sau angenommen hätte? Lediglich mein kleiner Jagdnicker, den ich mir vormals für 11,40 DM von meinem Konfirmationsgeld gekauft hatte, war zur Verteidigung griffbereit dabei. Natürlich war ich mir auch zu diesem Zeitpunkt der Gefahrenlage bewusst, nahm aber trotzdem das Wagnis dieser Kontrollsuche auf mich!

Zum Üben für die Jägerprüfung, die ich ohne Vorbereitungskurs absolvieren wollte, fuhr ich gelegentlich nach Schlierbach zum Kipphasenstand. Meine erste und bis jetzt einzige Flinte war die Sauer Beretta, Kal. 12, erstanden für 400,- DM von Karli, dem der Schaft nicht passte. Den dreigeteilten Blechhasen stellte ich erst mal vorne in die Mitte der Schießbahn, um zu sehen, wie die Schrotgarbe deckt und wie ich anhalten muss. Nach dieser gewonnenen Erkenntnis und nach einigem Üben fielen die Kipphasen meist schon beim ersten Schuss, sodass ich beruhigt in die Prüfung gehen konnte. Da fielen dann alle sechs! Auch die Kugel ging recht gut, hatte ich mir doch einen VOERE Repetierer im Kal. 7 x 64 zugelegt, der noch heute neben Drilling und Bockbüchsflinte Alltagswaffe ist.

Nach bestandener Prüfung und Übernahme als Jagdaufseher machte mir aber der Schrotschuss auf Federwild Sorgen. Ohne Übung wollte ich eigentlich nichts riskieren. Retter war wiederum X, der eine Wurftaubenmaschine besaß. Ich kaufte eine Kiste Tontauben und an einem Sonntagvormittag probierten wir mit mäßigem Erfolg. Einige Wiederholungen waren erforderlich, bis es einigermaßen klappte. Unvorstellbar in der heutigen Zeit, der sorglose Umgang mit „Müll" in der Landschaft, die zerschossenen Wurftauben blieben einfach auf dem Acker liegen. Lediglich die Papphülsen der Patronen sammelten wir ein. Zudem hatten wir auch im Nachbarrevier geschossen, wie ich später erfuhr!

Für sämtliche Revierarbeiten war ich alleine zuständig, egal ob die größte Kanzel zu bauen oder der einfache Pirschweg zu fegen war. Der zuverlässige und leichte R4 mit ausgebauter Rückbank war für meinen schmalen Geldbeutel aus „Zwiebelleder" damals das ideale Revierfahrzeug; Hunde, Werkzeug und Klamotten, alles passte rein. Die VOERE, die 222 oder der Drilling mit Einstecklauf lag in Bügeln, die über die Rückenlehne der Vordersitze gehängt waren, stets griffbereit aber höchstens unterladen! So manche Taube, streunende Katze, Fuchs und Krähe mussten während dieser Revierfahrten unsere Welt verlassen.

Auch bekam ich hin und wieder mal ein Böckchen frei. Bei einem Reviergang im Regen spürte ich, dass ich beobachtet wurde. Auf eine, aus den Augenwinkeln wahrgenommene, Bewegung verharrte ich jäh. Aus dem Schritt blieb ich ruhig, quasi auf einem Bein, stehen. Nur meine Augen bewegten sich. Vor mir, von Buchenrauschern verdeckt, sah ich den Kopf eines Rehs. Leicht grau zwar, aber mit schwachen Knöpfchen oben drauf. Es dauerte eine halbe Ewigkeit, bis ich das Blatt einigermaßen frei hatte, dafür aber alles andere verdeckt war. Im Knall verendete das Stück. Waidmannsheil!

Der Knopfer entpuppte sich als sehr alte gehörnte Geiß, die glücklicherweise nicht mehr führte! Natürlich war der Rüffel des Jagdherren mächtig dick! Auch war mir ebenfalls klar, dass ich falsch angesprochen hatte, aber da ich den Abschuss des weiblichen Rehwildes fast alleine durchführen musste, freute mich diese alte Geiß besonders. Als besondere Trophäe hängt sie ganz oben bei meinen Böcken!

An einem 8. Oktober, es war Bundestagswahl, erlegte ich nach Freigabe eines Jährlings am Waldrand ein schwaches Einstangenböckchen mit einem Bleistiftspießchen. Wieder bekam ich einen Anpfiff: So etwas lässt man stehen, um zu sehen wie er sich entwickelt! Meine Jungjäger ermuntere ich heute, wenn euch ein Bock Spaß macht und die Umstände passen, so erlegt ihn! Maßgebend ist natürlich der Rahmen des Abschussplanes, bzw. die Freigabe der Jagdherrschaft!

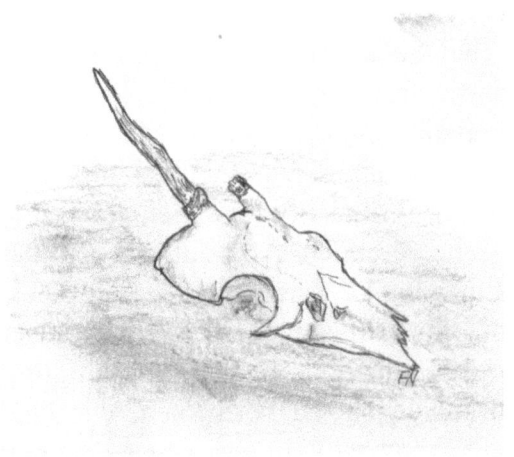

Zu meinen täglichen Aufgaben gehörte das Beschicken der Kirrungen. So war ich daher sehr oft draußen und war bestens über Geschehnisse in diesem Revier informiert. Seit mehreren Monaten fand ich immer wieder einmal ein angeschnittenes Reh, offensichtlich von einem Hund gerissen. Wir tappten im Dunkeln. Gesehen wurde der Räuber nicht, lediglich seine Spuren am Riss. Auch seine Herkunft war schleierhaft. Der Verdacht auf zwei Räuber kam später auf, zeigten es doch bei genauerem Hinsehen unterschiedliche Spuren in nasser Erde relativ sicher. Es mussten aber starke und schnelle Hunde sein.

An einem Februartag hatte ich wieder einmal die „Schonzeitbüchse" Kal. 222 Rem. geschultert - Fuchs kann immer kommen - und den Maiseimer in der Hand. Am Dickungsrand, im angrenzenden lichten Buchenaltbestand, sah ich eine dunkle Bewegung am Luderplatz in Kirrungsnähe. Sauen, so der erste Gedanke! Durch das Zielfernrohr sah ich aber dann einen dunklen Schäferhundmischling. Er gab mir die Rückenpartie frei und ich schoss. Im Aufjaulen des Hundes repetierte ich. Ein zweiter Hund wurde flüchtig in Richtung angrenzender Dickung. Der schnell hingeworfene (Glücks)Schuss ließ ihn rollieren und auf der Stelle verenden. Allerdings schleppte sich der erste in einer Senke durch die schmale Dickung und ich konnte ihn erst am unteren Weg erlösen. Beide Köter landeten in der Tierkörperbeseitigungsanstalt. Niemand schien sie zu vermissen, wir fanden aber auch in der Folgezeit kein gerissenes Reh mehr!

Führe die Wünsche des Jagdherren aus,

bevor er sie geäußert hat !

Der vergessene Treiber

Während meiner ersten Anstellung und zur großen Hubertusdrückjagd in diesem Revier empfahl ein Jagdgast anstelle vieler aufwändiger Treiber jugoslawische Brackenmischlinge einzusetzen. Wohlwollend-skeptisch aber sehr interessiert sah ich dem angedachten Unterfangen entgegen.

Das damalige Jugoslawien kannte ich durch meine Gastarbeiterkollegen auf der Baustelle und somit nur vom Hörensagen. Sie jagten ausnahmslos alle in ihrer Heimat, aber nur mit Flinten und ohne besondere Prüfung. Büchsen durften dort nur privilegierte und besonders treue (Ostblock)-Staatsdiener führen. Meine Yugo-Freunde wussten aber sehr genau um die Qualität westlicher Flintenlaufgeschosse oder Postenmunition. Für sie tauschte ich unsere guten „Brenneke", überwiegend Kal. 12, gegen den feinen Slibowitz des Balkans. Geschmuggelt wurde im Wäschesack bei der gelegentlichen Fahrt der „Yugo-Gezimbri" (Zimmerleute) in ihre Heimat.

Ich war aber auf alle Fälle mental auf den süd-östlichen Hundeeinsatz eingestellt, da während des Einschalens auf der Baustelle sehr oft über die Jagd bei uns oder das Jagen im Ostblock gefachsimpelt wurde. Dort herrschten gänzlich andere Voraussetzungen als in Westdeutschland, wie ich immer wieder neugierig und verwundert beim sprichwörtlichen Blick über den Tellerrand feststellte.

Die Einstellung meiner Yugos, der Obrigkeit, nämlich „Tito" und Seinesgleichen, musste man das Wild gehörig abknöpfen, herrschte vor. In unserem hiesigen Dialekt gibt es auch ein Wort für Wilddiebe: „Wirwelsknepper", hergeleitet von Knöpfen, Wild den Herrschenden abknöpfen, abluchsen.

Auch wurde mir von der riesigen Weitläufigkeit der Jagdgebiete erzählt. Dort stellten die Hunde das Wild, und die Jäger wurden durch ihren Laut gerufen. Viele der Hunde wurden dabei von Keiler, Bär und Wolf schwer geschlagen oder sogar getötet. Ein Hundeleben galt in diesen Breiten nicht viel. „Willst du Sauköpfe haben, musst du Hundsköpfe geben!" so ein Spruch aus vergangenen Jahrhunderten, der auch damals bei uns Gültigkeit hatte.

Zum Einsatz kamen dann drei dieser Yugobracken auf unserer Drückjagd. In den „deutschen" Jägerköpfen herrschten aber **unsere** Gepflogenheiten in Sachen Hundearbeit und Stöbern vor. So kam es, wie es eigentlich vorhersehbar war. Sauen waren zwar im Treiben und gingen aber mit den Yugobracken im Gefolge unbeschossen über viele Reviergrenzen der Nachbarschaft.

Die Treiben ging unterdessen weiter und ich wurde beauftragt, die Hunde zu suchen. So fuhr ich mit der Waffe im R4 durch mehrere Dörfer und Jagdbezirke, immer wieder nach den Hunden fragend. Gesehen wurden sie öfters, aber ihrer habhaft zu werden, war nicht möglich. Sie jagten und jagten …! So war ich unverrichteter Dinge einige Stunden unterwegs und gab dann in der späten Dämmerung hilflos auf.

Jetzt aber zurück zur Überschrift:

Norbert fragte mich irgendwann, ob er mich mal auf einer Jagd begleiten könnte. Treiber wurden immer gebraucht. So war er auf dieser Jagd mit von der Partie und reihte sich in die Treiberwehr ein. Von dem ganzen Hundezirkus hatte er nichts mitbekommen. Beim Streckelegen war er noch in Gesellschaft der Anderen, konnte mich aber dabei nicht finden, da ich auf Hundesuche war. Bei einsetzender Dunkelheit, ich war auf dem Rückweg ins Revier, fiel mir siedendheiß Norbert ein. Mittlerweile stockdunkel und bei Schneegriesel fand ich ihn mutterseelenallein geduldig ausharrend am Streckenplatz zwei Stunden nach dem Ende der Jagd. Meine Entschuldigung und eine Rehkeule nahm er gerne an. Auch diese Jagdherrschaft kümmerte sich nicht um Hunde und Führer. (Sie bekamen ja vereinbarungsgemäß ein kleines Entgelt...!)

In einem weit entfernten Tierheim konnten die Bracken nach zwei Tagen abgeholt werden.

Mit zu meinen Aufgaben gehörte es auch, starke Böcke zu bestätigen, um dann Jagdgäste darauf zu führen. Irgendwann wurde sogar von mir verlangt, einem Bauern das Einbringen der Ernte zu untersagen, weil ein hoher Herr waidwerken wollte! Natürlich hustete uns der Landwirt etwas und tippte sich mit dem Zeigefinger an die Stirn: „Die Feudalzeiten wären doch wohl Vergangenheit!"

So lernte ich die verschiedensten Menschen auf der Jagd kennen, gute und, naja, andere gibt es ja nicht! Ein Beamter an einem hohen Gericht, klein von Gestalt und mit roter Alkoholikernase war ein besonders arroganter Schnösel mir gegenüber, konnte aber zur Jagdherrschaft super Radfahren! Verschiedene Aufsichtsratsmitglieder eines großen Konzerns brachte ich dort ebenfalls auf Bock oder Sau zum Schuss, auch wenn ich hier und da mal nachschießen musste. Der Umgang mit den verschiedenen Charakteren auf der Jagd erweiterte natürlich meinen grünen Horizont. Die Palette an Menschenkenntnis und Jagderfahrung wurde immer größer, überwiegend im Positiven, gelegentlich aber auch gravierend negativ.

Während dieser Anstellung wurde ich mit sämtlichen Fragen, die ein wissbegieriger Jungjäger nun mal hat, alleine gelassen. Eingehende Gespräche fehlten gänzlich, von Kameradschaftspflege ganz zu schweigen. Es wurde von oben nur vage „gewünscht" und dann heftig kritisiert, wenn etwas nicht dem

Wunsch entsprechend ausgeführt wurde. Im Nachhinein wusste die Obrigkeit alles besser, hatte aber selber zwei linke Hände, wenn es um das grüne Handwerk ging. Ich, das kleine, dumme Jagdaufseherlein, war nur Befehlsempfänger und das Hanselchen. Ich hatte mir das Waidwerk etwas anders vorgestellt. So wollte ich nicht jagen. Demzufolge wurde ich dankend aus meiner Stellung entlassen.

Alles Wissen ist Erinnern!

11. Lothar

Ende Siebziger, Anfang der Achtziger hatte ich keine besonders gute Lobby bei den Altjägern und Revierinhabern im Umkreis. Ich wäre ein Emporkömmling und Tunichtgut, dem man den Eimer hoch hängen müsste, so wurde mir bei einem Hüttentreff in meinem Lehrrevier bierschwer gesagt. Zum Arbeiten war ich viele Jahre gut genug, mehr durfte aber nicht sein. Es war Duldung auf unterster Ebene. Der alte Beständer gab mir, um sein Gesicht nach außen hin zu wahren, ausdrücklich einen älteren Bock frei. Egal was denn liegen würde, so mein Empfinden, war dann von vorne herein falsch. Der Junior warf mich demzufolge nach dessen Erlegung hochkant aus dem Revier. Die unermüdlichen Einsätze mit meinen Hunden in meiner jahrelangen Treiber- und Helferzeit waren vergessen. Auch, dass ich bis dato mindestens 40 Kanzeln und Hochsitze überwiegend in diesem Revier gebaut oder zumindest aktiv als erster (Fach)-Mann mitgeholfen hatte, zählte nicht mehr! Schmerzlich! - Belassen wir es dabei, Haken dran, nehmen wir es zu den (Lern)Erfahrungen und blicken nach vorn.

Aufgrund einer Anzeige im „Hessenjäger" meldete ich mich bei Lothar. Er suchte zuverlässige Mitjäger, und ich kam tatsächlich in die engere Auswahl. Irgendwie war ich ihm sympathisch, die Chemie passte, und er nahm mich in den Kreis seiner eher städtisch herausgeputzten und zahlenden Mitjäger auf. Lothar hatte einen strengen militärischen Ton am Leib; er war ehemaliger Offizier der NVA. Aus heutiger Sicht liegt es nahe, dass er ein sogenannter „Schläfer" war. Es kann aber auch gut sein, dass er einfach drüben die Kurve gekratzt und hier neu begonnen hatte. Ich habe nie nachgefragt. Egal! Besonders hatten es ihm die Sauen angetan. Er schoss weit und in allen Lebenslagen bei fast allen Lichtverhältnissen! Ich brauchte bei ihm nichts zu zahlen, ich hätte ja gute Hunde und sollte nur jagen und Strecke machen.

Meine Erste

Um Ostern ist immer Vollmond! Gründonnerstag beorderte Lothar mich bei relativ gutem Licht an einen Weizenacker, auf dem vorjährig Mais war. Klar, dass in Waldrandnähe der Wildschaden nicht auf sich warten ließ. So brauchte ich auch nicht lange auf die Sauen zu passen. Urplötzlich waren sie da. Meine VOE-RE hatte damals ein sechs-faches Kahles-Glas, Absehen 1, und war nicht für die Jagd in der späten Dämmerung oder die Mondscheinjagd ausgelegt. Ich hatte einige Mühe, eines der Wutzchen sauber ins Glas zu bringen. Endlich stand der Stachel hinter dem Blatt. Rums! Die 7 x 64 hatte ganze Arbeit geleistet, meine erste Sau lag am Anschuss! Natürlich ließ ich es mir nicht nehmen, das Frischlingskeilerchen von aufgebrochen 23 Kilo die rund 500 Meter zum Auto zu tragen. Groß war auch Lothars Freude, füllte sich doch wieder seine Gefriertruhe, und kräftig tot getrunken wurde auch.

meine 1. Sau

Nasse Füße

Mein Kurzhaar Gustav war höchstens neun Monate alt, als ich zum sonntäglichen Frühansitz ins Revier fuhr. Ich hatte auch einen Bock frei, von dem meine Mitjäger behaupteten, er sei mindestens sechs Jahre alt. Meine Schätzung lag bei allerhöchstens drei Jahren. Kurzum, er sollte aus der Nähe begutachtet werden. Ich sollte ihn erlegen und wollte mich über der Gründau platzieren, einen meiner Lieblingssitze, nicht sehr bequem, aber ein super Standort. Noch war es stockfinster. Der Opel stand am Straßenrand in einer Wegeeinmündung. Waffe schultern, Hund abliebeln, Auto abschließen und den gegenüberliegenden Straßengraben überfallen, waren die Folgehandlungen. Dann querte ich die Wiese durch das hohe Gras in Richtung Kanzel. Verdutzt nahm ich nach wenigen Schritten wahr, dass es um meine Füße feucht bis

sehr nass wurde. Allmählich und mit einem selbst-
bedauernden Schmunzeln begriff ich, dass ich in mei-
nen Lieblingsschuhen, nämlich Birkenstock, auch
Tempelflitzer genannt, im taunassen Wiesengras
stand. Was solls, die Gummistiefel standen momen-
tan unerreichbar zuhause in der Waschküche. Also
musste ich da durch! In den ersten Sonnenstrahlen
fiel dann auch der Bock. Er war ein geringer Zwei-
jähriger! Gustav bewindete ihn ausgiebig und begann
zu meiner Freude sogar etwas daran herumzuzerren!
Jagen geht auch in Birkenstock und mit nassen Fü-
ßen.

Die Eiswutz

Es war wieder mal Winter. Der Schnee lag in den
Gründauwiesen, auch Waad genannt, gut knöchel-
hoch. Lothar setzte sich auf den oben beschriebenen
Waadsitz, und ich wartete an der Fuchshecke auf die
wilden Schweine. Ich saß noch keine halbe Stunde,
da krachte es schon bei Lothar unten im Tal. Handys
gab es noch lange nicht. Es war die Absprache, dass
man sich im Falle eines Schusses nach angemessener
Zeit und der Sicherheit wegen mittels Lichtsignalen
mit der Taschenlampe dem Anderen zum Helfen nä-
hert. Gesagt, getan!

Vor Ort berichtete der Jagdherr laut und vernehmlich von der Kanzel herunter den Vorfall. Sieben Sauen, zwei größere, der Rest so um die 25 Kilogramm kamen wie an einer Schnur breit auf 40 Meter. Den Nachzügler nahm er ins Visier und ließ fliegen. Der Kleine lag aber nicht im Knall, sondern verschwand ohne merklich zu zeichnen mit den anderen im Ufergebüsch. Nach dem Umweg über die Bachbrücke fand ich nach Einweisung Lothars den Anschuss und dunklen Schweiß in der Fluchtfährte, die tatsächlich auch auf der teilweise dick vereisten Gründau stand. Zur Kontrolle ging ich die Fährten dann auch mal nach rückwärts aus. Der Anschuss deutete zwar auf einen weichen Schuss hin, ich fand aber weiter zurück ebenfalls noch spärlichen Wildbretschweiß. Die Sau musste also altkrank gewesen sein! Nachdem ich dem Chef die Situation erläutert hatte, fluchte er noch heftiger. Es half alles nichts, wo war die Sau? Die Gesundfährten gingen uneinsehbar für den Bestänger das andere Ufer hoch, über die Straße in Richtung Wald. Die Kranke war aber nicht dabei! Ihre Fährte endete in einer eisfreien Stelle der Gründau. Sie musste noch hier in der Nähe und wahrscheinlich im seichten Eiswasser sein!

Ich eilte wieder zurück zum Chef und informierte ihn. Über die verschneite Wiese liefen wir schnell bachabwärts zu einer größeren Biegung. Hier war nur der Rand mit Eis bedeckt. Vielleicht ...? Tatsächlich brachte die sanfte Strömung die Wutz mit, langsam zwar, aber sie lebte noch und wollte schwerkrank an das jenseitige Ufer und damit weg von uns. Lothars

Pistole hatte nach dem ersten (Fehl)Schuss Ladehemmung. Meine VOERE war im Auto und Lothars Repetierer stand am Hochsitz. „Was tun?", sprach Zeus, …!

Nach kurzer Überlegung und mit den Worten: „Pass mal auf!" legte ich Mantel und einen Großteil der Oberbekleidung ab, zog meinen Nicker blank, nahm Anlauf und sprang in restlicher Montur und mit erheblichem Risiko direkt links neben die Sau in die Gründau. Noch in der Wasserfontäne und bei Bodenberührung fing ich das Schweinchen von der anderen Seite her blitzschnell ab und warf es auf das Eis. Lothar war, so glaube ich, wahrscheinlich zum ersten Mal in seinem Leben sprachlos. So etwas hätte er noch nie erlebt, meinte er etwas später. ….und beim Klettern über die Uferböschung aus dem Bach merkte ich jetzt deutlich: „Friedrich, es ist Winter!"

Natürlich war der Sprung ins sprichwörtlich kalte Wasser sehr gefährlich, denn ich wusste nicht, wie das Bachbett beschaffen war und wie tief die Gründau an dieser Stelle tatsächlich war. Dies alles kommt erst, wenn man wieder einigermaßen normal ist und sich Gedanken über das Gewesene macht. Sauen sind eine Droge und benebeln das Gehirn! Wieder mal Glück und demzufolge Schwein gehabt!

Der Boss meinte dann, die Sau läge ja kühl auf dem Eis und hätte gelüftet Zeit bis später, ich müsste erst mal trocknen. So stand ich kurze Zeit später an der Holzheizung in Lothars Keller wie mich Gott ge-

schaffen hatte und ließ die Klamotten wenigstens an-
trocknen. Dabei lernte ich eine Williams-Christ-Bir-
ne, eingewachsen in einer Flasche und mit köstli-
chem Destillat umhüllt, sehr genau kennen! Zum
Glück hatten wir „Schlechtwetter" auf der Baustelle,
und ich konnte anderntags ausschlafen. Tatsächlich
hatte die Sau hinten an der Keule einen relativ fri-
schen Wildbretschuss ohne Knochentreffer. Daher der
hohe Adrenalinspiegel und dadurch wahrscheinlich
die enorme Härte der Sau, die immerhin längere Zeit
im Eiswasser zugebracht hatte. Ich überstand diese
Aktion ohne Erkältung, der Birne sei es gedankt.

Taschentuchkrimi

Wieder einmal besetzte ich bei einigermaßen Mond-
licht im Spätsommer an der Fuchshecke die hohe
Kanzel in einer Randfichte. Dahin führte ein gut ge-
pflegter Pirschweg. Der linksseitige Waldrand war
gleichzeitig auch Reviergrenze. Jenseits hatten die
Fürstlichen nebenan ein riesiges Wildgatter mit Ein-
sprüngen. Natürlich verliefen beiderseits des Zaunes
starke Wechsel, denn die Sauen drängten zur Feld-
mast. Somit hatten wir den Wildschaden, dessen Mi-
nimierung mit meine Aufgabe war. Die Hecke, an der
ich saß, war eigentlich ein Waldstück und zog sich in
einer Breite von knappen 70 Metern und einer Länge

von etwa 120 Meter rechtwinklig zum fürstlichen Wald ins Feld. Nach geraumer Zeit bemerkte ich am Waldrand und in den Apfelbäumen Sauen, undeutlich zwar und noch zu weit. Der Wind stand eigentlich gut, aber man ist gegen ein Kräuseln nicht gefeit. Warten ist angesagt. Unschlüssig traten die Sauen hin und her. Schließlich hörte ich noch ein Blasen der Leitbache und sie verschwanden leise, wie sie gekommen waren. Das könnte es für heute gewesen sein. Nach der Ursache grübelte ich nicht und nahm es, wie so oft, als gegeben hin..

Nach einer Weile baumte ich dann ab und begab mich auf den Nachhauseweg. Meine Arbeit auf der Baustelle anderntags erforderte ja auch ihren Mann. Genau auf dieser Baustelle erschienen wenige Tage später Polizeibeamte in zivil und baten mich zu einem kurzen Gespräch. Von Lothar hatten sie meine Anschrift und von meiner Frau den momentanen Aufenthaltsort von mir erfahren. Ich konnte mir nicht vorstellen, um was es ging, alles erschien mir aber sehr geheimnisvoll und wichtig.

Mir wurde ein grünes Taschentuch gezeigt. Die Frage nach dem Eigentum konnte ich nicht sofort beantworten. Es lag aber die Vermutung nahe, dass es mir gehörte. Zur Klärung wurde mir der Fundort genannt. Es war der Waldboden unter der Fuchsheckenkanzel.

In meinem Lodenmantel steckt eigentlich immer ein grünes Stofftaschentuch für alles Mögliche, wie z.B. Abwischen der Optik oder schnelle Wundversorgung.

Letztliche Aufklärung könnte der Vergleich mit anderen Taschentüchern abends zuhause bringen, so meine Ausführungen den Beamten gegenüber. Das Taschentuch im Mantel fehlte wirklich. Auch hatte es die fünf eingewebten Streifen an der Seite, wie noch zwei weitere aus dem Nachttischkästchen. Es war mir beim Hände-aus-der Tasche-ziehen wohl heraus gerutscht oder ich hatte es unbeabsichtigt vorbei gesteckt und es fiel deshalb zu Boden. Natürlich bemerkte ich das nicht, waren doch meine Sinne auf die Sauen vor mir gerichtet.

Wieso der ganze Aufwand? In einem entfernten Dorf wurde ein Pärchen beim Liebesspiel nach einer Kirmes von einem Spanner mit Waffengewalt entführt und später ermordet. Die Frauenleiche verpackte der Mörder in einen blauen Müllsack und schleifte sie ein paar Tage vor meinem Ansitz in die Fuchshecke. Dort deckte er sie mit Ästen und Laub ab. Durch den Verwesungsgeruch, den ich aber der Windrichtung wegen beim Angehen und Sitzen nicht wahrnehmen konnte, wurde sie erst nach Tagen von einem Bauern gefunden. Der Fundort befand sich 11,13 m vom Fuß der Kanzelleiter in nordwestlicher Richtung und durch den Fund meines Taschentuches war ich dann erst mal tatverdächtig!

Die intensive und akribische Ermittlungsarbeit der Kripo führte schließlich zur Verhaftung und Verurteilung des Mörders mit anschließender Sicherheitsverwahrung.

Was du nicht kennst...!

Wieder wollte ich zu meinem Lieblingssitz über der
Gründau zum Sauenansitz. Es war später Winter, mä-
ßige Schneelage und nasskalt.Tief hingen die Wolken
und das Licht war bescheiden-trügerisch. Ich lief von
der Straße her den kürzesten Weg über die Wiese und
war im Begriff das Unikum zu besteigen, als aus dem
Ufergebüsch der gegenüberliegenden Seite ein Fuchs
das Weite suchte. Durch das Glas sah ich ihn jenseits
in einen entfernten Weidenbusch schlüpfen.

Verpasst! Okay! Jetzt hinauf und auf die Schweine
warten. Von oben konnte ich auch den Weidenbusch
gut im Auge behalten, wäre doch so ein Winterfuchs
bestimmt nicht das Schlechteste. Richtig, da kommt
er aus der Hecke. Im fahlen, trüben Mondlicht setzt
er sich nach Hundeart auf die Keulen, den Blick ver-
mutlich zu mir. Meine rasch hingeworfene Kugel
lässt ihn auf der Stelle verenden. Es bleibt ein dunk-
ler Flecken im Schnee...! Da es noch früh war, blieb
ich der erhofften Schweine wegen noch länger, aber
vergeblich sitzen. Dann baumte ich erwartungsvoll
ab. Mein junger DK wartete im Auto. Er war ein Ap-
portierhund aus Naturanlage. Auf halber Wiese
schickte ich Gustel zur Verlorensuche nach dem
Füchslein. Gustav sauste zielstrebig ab, hatte er doch

115

den Schuss nicht vergessen. Kurze Zeit später brachte er freudig einen noch lauwarmen ….. Hasen!

Nach dem Lob ging ich der Sache auf den Grund. Tatsächlich bewies der Anschuss, dass ich den Hasen auf gute 100 Meter mit der Kugel geschossen hatte. Die Fuchsspur ging hinter dem Busch weiter in Richtung Wald! Dem Hasen war wohl die Nähe des Fuchses unheimlich und er rückte mit angelegten Löffeln aus der Hecke, der besseren Übersicht und des Überlebens wegen!

Da gibt es nichts zu beschönigen, ich hatte Mist gebaut und zudem ein Schonzeitvergehen begangen. Lothar brachte den Fall nicht zur Anzeige und rügte mich auch nicht, es war mir aber eine große und nachhaltige Lehre!

Hasen und Enten

Töchterchen Sina war gerade mal sechs und unsere Hunde waren gefühlt ihre Ersatzgeschwister. Sie begleitete mich gerne ins Revier.

Als Lehrer hat man neben dem terminierten Unterricht freie Zeiteinteilung, d.h. meine Unterrichtsvorbereitungen konnte ich zu allen Tag- und Nachtzeiten erledigen. Diesen Umstand machte ich mir zunutze, um auch mal nachmittags mit den Hunden zu arbeiten oder auch mal zu jagen. Gustav machte seine Sache ruhig und gewissenhaft. Auch Sina war von ihm als Juniorchefin akzeptiert. In einem Feldgehölz von geringer Größe wusste ich, dass da immer ein Hase liegt, der in den Kochtopf passen könnte. Hasen stehlen sich meistens bergauf aus einem Gefahrenbereich. Also gab ich Sina den Kurzhaar unten an die Leine und erklärte ihr, dass ich jetzt um die Hecke nach oben gehen würde und ihr dann zurufe: Schnalle Gustel! Das hatte sie verstanden, und ich pirschte an den oberen Rand. Kurz nach dem Rufen erschien der Hase wie geplant, von Sina und Hund in der Feldholzinsel auf die Läufe gebracht. Die Schrote bannten ihn auf den Platz, und Gustav brachte ihn brav und ohne Aufforderung. Ein Waidmannsheil vom Töchterchen ist etwas Besonderes.

In der Nähe der Gründau steht die kleine Dorfkirche etwas außerhalb des Ortes. Dort waren immer Enten auf dem Wasser. Ich konnte im Bogen rechtwinklig dazu angehen. Gustav war wieder, wie fast immer, frei bei Fuß. Das Ufer war mit allerlei Kraut und Sträuchern bewachsen, sodass ich mich unbemerkt dem Bachlauf nähern konnte. In gewisser Distanz zum Entenwasser machte ich mich schussbereit und schickte mit Handzeichen den Braunen zum Stöbern. Sobald der Hund die Böschung erreichte, gingen meistens die Enten hoch. Sehr oft erlegte ich auf diese Weise sogar eine Dublette. Jagen vom Feinsten!

Was gleicht wohl auf Erden..?

12. Landadel

Die erste urkundliche Erwähnung dieses ehemaligen Wasserschlosses fällt zeitlich in das frühe Mittelalter kurz nachdem Bonifatius das Christentum zu uns nach Oberhessen brachte. Die wechselvolle Geschichte des denkmalgeschützten Anwesens mündet in den Namen Beest. Diese Familie hatte das heruntergekommene Gut mit knappen 200 Hektar Acker-

und Wiesenfläche und einem geringen Anteil Wald und Wasser in den 1920ern erworben. Der Hof wurde viele Jahre von der hochbetagten Seniorchefin straff patriarchalisch dirigiert und geführt. Die Kunsthistorikerin und Bäuerin, die in Art und Äußerem entfernt an die ehemalige britische „Eiserne Lady" erinnerte, hatte in den letzten Jahrzehnten als Witwe das gesamte Anwesen überwiegend eigenhändig von Grund auf saniert, in hervorragender Weise restauriert und zu einem besonderen Juwel bei uns in Oberhessen gemacht.

Die Bearbeitung von Ackerland und Wiesen teilten sich seinerzeit zwei Pächterfamilien. Leider fehlten aber der Hausherrin in Sachen Jagd und im Zusammenspiel mit Umwelt und Naturschutz mindestens zwei Generationen vor Ort, was das jagdliche Miteinander mit ihr nicht besonders einfach machte. Trotzdem ist es ein Eigenjagdbezirk von ganz besonderem Reiz. Da Frau Beest die Jagd nie selber mit vollem Herzen betrieben hat und mein jagdlicher Vorgänger wegen einiger „krummen" Sachen aktenkundig und gerichtlich des Hofes verwiesen wurde, kam der Antrag an mich, hier zu jagen. Gerne nahm ich das Angebot an und übte als angestellter Jäger das Hofwaidwerk gut fünf Jahre verantwortlich aus.

Der Pächter der Ackerflächen kam allerdings mit meiner Person nicht besonders gut klar und behinderte die Jagdausübung, so oft und so gut er konnte. Systematisch und mit europäischen Subventions- und Fördermitteln wurden auch die letzten Äsungs- und Sumpfflächen mit vielen Wildkräutern samt Orchideen im Lauf dieser Zeit radikal umgearbeitet, drainiert und für Hase, Fasan, Wachtel, Rebhuhn und unzähliges Kleingetier zur subventionierten, schöngeistigen EU-Kultur- und Modesteppe degradiert und umgestaltet. Wildschaden, der tatsächlich nur minimal vorhanden war und mir auch nie gemeldet wurde, forderte er aber ständig von der Chefin ein und zwackte ihn horrend hoch von der Pacht ab, ohne sich vorher mit mir über Flächengröße und Schadensumfang kurzzuschließen. Er meinte irgendwann zu mir, ich hätte doch wohl von der Landwirtschaft keine Ahnung. Ich entgegnete: „Stimmt, aber dafür um so mehr von Quadratmetern und gültigen Preislisten hierzu!"

Ein dazu passendes, hinter vorgehaltener Hand geflüstertes Wort besagt, wenn jemand moderne Landwirtschaft studiert, muss er unabdingbar mindestens ein Semester Jammern und Wehklagen dazu absolvieren oder an das Examen direkt anhängen! ... Soweit, so gut!

Nach einem ersten Überblick zu Beginn meiner Amtszeit damals, brachte ich die vorhandenen, desolaten jagdlichen Einrichtungen auf mein Niveau, baute einige neu dazu und organisierte die hegerischen Abläufe neu und gesetzeskonform. Gäste konnte ich unter Vorbehalt immer einladen, wenn die Jagdausübung dies erforderte. Meine Jagdfreunde nahmen dies auch gerne in Anspruch, hatte das Ganze doch einen Hauch von Nostalgie und uraltem Landadel. Regelmäßige jagdliche Berichterstattung an die Chefin in angenehm-freundschaftlicher Atmosphäre gehörten in den ersten vier Jahren zum festen Bestandteil dieser „Grünen Beziehung".

Meine erste Berührung mit diesem historischen Gutshof geht in meine frühe Jugend zurück, wo ich noch mit meinem Onkel im Rahmen einiger Treibjagden über die Felder stolperte um erlegte Hasen und Fasane zu tragen. Heute noch spüre ich die lehmschweren Gummistiefel an meinen Füßen. Vor meinem geistigen Auge sehe ich auch noch den Sprung Feldrehe auf dem „Florrat". 32 Stück konnten wir irgendwann damals im Schnee zählen.

Dann, in meiner Lehrzeit als Zimmermann - es gab immer Holzarbeiten auf dem Hof - arbeitete ich schon mit Frau Beest in Sachen Denkmalpflege zusammen. Unser Ziel war es damals, die Schleppgauben in einer gefälligen und zweckmäßigen Art auf dem Steildach des Haupthauses so zu platzieren, dass sie in keinem Fall störend wirken, aber die Belüftung des Dachbodens gewährleisten. Die Harmonie der mit Biberschwanz gedeckten Dachflächen mit den charakteristischen Gauben fesselt immer wieder den Blick des Betrachters .... heute wie damals.

Nachbarschaft

Während meines langjährigen Jagens in Heimatnähe musste ich mit Entsetzen feststellen, wie an manchen Jagdgrenzen miteinander umgegangen wird. So durften z.B. die Jäger von Beest einen Weg nicht benutzen, der noch zum Nachbarrevier gehörte. Die Reviergrenze ist wenige Meter weiter die Sohle eines Grabens! Zur Wildbergung musste ein zwei Kilometer langer Umweg in Kauf genommen werden, was auch nur bei trockenem Wetter möglich war. Einzige Alternative war der Traktor oder Muskelkraft querfeldein. Natürlich spielten bei den Grenzstreitigkeiten diverse Bankgeschäfte eine hintergründige, aber immense Rolle. Dazu kam eine kleinliche jagdliche Rechtsauslegung. Sie gereichte den Betroffenen beiderseits, aber hauptsächlich unserem Wild, lediglich zu erheblichem Nachteil.

Nach meiner Anstellung in dieser Eigenjagd lud ich spontan die drei Pächter des angrenzenden Reviers, mit denen ich viele Jahre gemeinsam jagte, zu mir ein, um ihnen die Neuigkeit mitzuteilen. Ihre Reaktion war erwartungsgemäß verhalten. Einer von ihnen erinnerte mich in seiner barschen, ungehobelten Art sofort an die herrschende eisige Grenzsituation. Der zweite verhielt sich neutral abwartend. Nummer drei hatte Dienst und konnte darum nicht in der Runde zugegen sein. Diese Kröte schluckte ich nun erst mal. Monate später, als sich alles etwas eingespielt hatte, traf ich mich mit X3 um die Jagdgrenze beider Reviere abzugehen und dabei Vereinbarungen über Wege-

nutzung und Wildfolge außer der gesetzlichen abzu-
sprechen. Mit X verbindet mich schon seit vielen Jah-
ren ein freundschaftliches Miteinander, nicht nur
jagdlicher Natur. Unser Umgang ist humor- und ver-
trauensvoll. Gegenseitige Einladungen waren an der
Tagesordnung und Absprachen wurden selbstver-
ständlich auch eingehalten.

So auch irgendwann zur Rapsernte: Mit an Sicherheit
grenzender Wahrscheinlichkeit steckten Wutzevie-
cher in dem riesigen Acker an der Bassgeige. Irgend-
wem mussten sie kommen! X setzte ich auf die „Pa-
radieskanzel", ich richtete mich an der Straße zum
Wald auf der nördlichen Seite des Lohrfeldes und der
Bassgeige ein. Die Hauptwechsel waren somit be-
setzt. Als der Mähdrescher oben die letzten Halme
vornahm, verließ die Bache mit fünf größeren Frisch-
lingen die Deckung in Richtung Paradieshecke. X
pickte sich einen Frosch heraus und legte ihn auf die
Schwarte. Er informierte mich telefonisch und mein-
te, gleich wieder in den Dienst zu müssen. Den
Frischling wollte er mir zu Hause in die Wildkammer
legen. Eine halbe Stunde später war auch der Schlag
vor mir gemäht und ich machte mich daheim an die
rote Arbeit. Das Schweinchen in der Kühlung, Auf-
bruch entsorgt, geduscht, da fiel mir ein, X hatte ja
noch keinen Bruch! Also nahm ich eine Flasche Sekt
und band einen Bruch mit einem roten Bändchen dar-
an. Dieses stellte ich dann X vor die Haustüre. Am
nächsten Morgen, als er aus dem Dienst kam, rief er
mich an und meinte, es wäre doch überhaupt nicht
nötig gewesen, aber trotzdem freue er sich riesig über

diese Geste. - Ein Bruch muss nicht immer auf Hut oder Hirschfänger überreicht werden!

In ungefähr 70 Meter vom oben angeführtem Grenz-graben ist eine Feldholzinsel wegen der nicht zu be-wirtschaftenden Steillage entstanden. Diese Hecke nutzen die Sauen sehr oft, um mit möglichst viel De-ckung die Nachbarjagd zu erreichen, wo es, je nach Feldbestellung, den besseren Fraß geben könnte. In Absprache mit den nachbarlichen Jägern konnte ich am „feindlichen" Grabenrand ein Balkenstück als Sitzbank eingraben, von dem aus ich mit Hilfe des Bergstockes den Heckenstreifen gedeckt einsehen und gut bestreichen konnte; Schützengraben an der Jagdgrenze …! Geht doch! Natürlich bietet sich die-ses effektive und kostensparende System überall dort an, wo ein Hang oder Rain vorhanden ist, der über ei-ne ausreichende Neigung verfügt.

Mein jagdlicher Vorgänger von enormer Charakterlabilität veranstaltete irgendwann vor meiner Zeit auf Beest ein kurzes Drücken an der Judenfriedhofshecke, in der Sauen vermutet wurden. Zehn Jäger umstellten diese waldnahe Feldholzinsel, in der schon seit vielen Generationen keine jüdischen Mitbürger mehr beerdigt wurden. Lediglich der Name hatte noch Bestand. Hunde und Treiber rein, und eine große Rotte Sauen ging raus. Sagenhafte dreizehn Stück lagen auf der Strecke, gemeldet und an die Jagdherrschaft bezahlt wurden aber nur drei Stück! Diese Geschichte habe ich nicht selber erlebt, sie wurde mir aber glaubhaft geschildert mit den Worten: Hier war ich schon mal dabei, als dreizehn Sauen gestreckt wurden! Recherchiert hatte ich, dass zwei Stück Rotwild ebenfalls dort zeitnah erlegt und natürlich nicht gemeldet und bezahlt wurden. Ähnliches geschah nach einer Entenjagd, Strecke vier Stück! „Die Alte kriegt nur eine!" Dies war meine erste Begegnung mit diesem Herren. ... „Der erste Eindruck ist der Beste...!

Die hochbetagte Chefin hatte vergessen, rechtzeitig ihren Jagdschein zu verlängern. Sie beauftragte mich, dieses auch der Waffen wegen, für sie zu erledigen, was ich natürlich auch gerne übernahm. Rechtlich war das erst Mal kein Problem, denn die jagdlichen

Obliegenheiten hatte sie mir als amtlich bestätigten Jagdaufseher übertragen. Auf meine Frage, ob der Schein für ein Jahr oder für drei Jahre gelöst werden sollte, kam die spontane, leicht entrüstet klingende Antwort: „Na, für drei Jahre selbstverständlich!" Die Sachbearbeiterin im Amt fragte mich während des Verwaltungsaktes ungläubig, ob denn das Geburtsdatum der Dame stimmen würde.....?!

Ich erlaubte mir bei der Überreichung des verlängerten Jagdscheines mit einem Gläschen guten Winzersektes auf die damals wahrscheinlich älteste Jagdscheininhaberin des Landes Hessen anzustoßen!

So mancher Kachelofen steht
auf tönernen Füßen!

Jägerschlag

Anlässlich und am Ende einer Gemeinschaftsjagd vor Ort trug ich kraft meiner Anstellung als Jäger an diesem ehrwürdigen Hof einer Jungjägerin den Jäger-schlag an. Die Zeremonie begann mit einer Frage und folgendem Wortlaut:

„Bist du Willens in den Kreis der hiesigen Jäger-

schaft aufgenommen zu werden und die Gebote unserer Waidgerechtigkeit anzuerkennen, dann antworte vernehmlich und vor diesen Zeugen mit „Ja!"
Zaghaftes „Ja!"

Nach dem würzigen Bissen und dem herzhaften Schluck berührte der Hirschfänger dann abwechselnd die Schultern rechts und links mit den Worten:

Der 1. Schlag soll dich zum Jäger weihen!
Der 2. Schlag soll dir die Kraft verleihen, zu
     üben nur das Rechte!
Der 3. Schlag soll dich verpflichten, nie auf
     Jägerehre zu verzichten!

Es folgte das Halali, stimmig geblasen auf unseren Parforce-Hörnern!

Bei frisch gebackenem Wildfleischkäse und hofeigenem, sehr zwiebellastig hergestellten Kartoffelsalat mit deftigem Bauernbrot ging es uns anschließend richtig gut! Bis dahin vergingen knapp fünf Jahre in gutem Einvernehmen und jagdlicher Harmonie.

Das Ende

Diese Jungjägerin hatten wir in unseren Kreis erst Mal vorbehaltlos aufgenommen Sie hatte freie Büchse und konnte nach Herzenslust jagen, wann immer sie wollte. Auch soll sie bei der Erlegung der 13 Sauen, von denen ich oben berichtete, zugegen gewesen sein. Sämtliche gutgemeinten Tipps und Ratschläge zu jagdlichen Utensilien und Verhalten schlug sie in den Wind. Der liebe Gott weiß alles, Mylady wusste alles besser. Genau zwei mal ging sie zum Ansitz auf Sauen, leider erfolglos, denn ein 100,- €-Fernglas von einer Schießbude und ein ebensolches Zielfernrohr reichen nun mal nicht aus! Mein Instinkt riet mir zu Besonnenheit und Zurückhaltung. Das Wort Misstrauen wäre unhöflich gewesen. Sie schickte mir irgendwann per Handyfoto den Ausblick über Frankfurt von ihrem Büro in einer der obersten Etagen einer Bank. Arroganz, Hochnäsigkeit und jagdliche Selbstübereinschätzung waren offenkundig bei ihr. Ihre freundlich gespielte und gekünstelte Art konnte mich nicht über die Faust in ihrer Tasche hinweg täuschen. Sie konnte redensartlich bei der Chefin gut „Radfahren" und Tatsachen herrlich verdrehen und bekam deshalb von uns unterschwellig die Beinamen „Schlange" und „Petze". Auch wurde bekannt, dass sie zu meinem Vorgängerjäger weiterhin und trotz „Vorbehalte" der Jagdherrschaft intensiven Kontakt hegte. Er hatte sie auch wahrscheinlich „jagdlich" vorgeprägt. Die Möglichkeit, von ihrem Küchenfenster aus Wild zu erlegen, bestand auch allemal...!

So wurde systematisch Gift in die grünen Belange gestreut. Aus diesen Gründen meldete ich mich nur sporadisch per Whats App in die Gruppe, sodass ich sie immer im Unklaren darüber ließ, wo ich gerade ansitze und was ich jagdlich unternahm. Diese Maßnahme behielt ich mir vor, auch der Kontrolle ihr gegenüber, was sie hochgradig wurmte. Die anderen Mitjäger und Frau Beest waren aber ständig über mein Tun im Revier und die angefallene Strecke informiert.

Anlässlich eines Fallwildfundes am **30. April** in meiner Heimatgemeinde fragte mich ein hiesiger Beständer, ob ich eigentlich noch in Beest jagen würde? Ich bejahte wahrheitsgemäß, kontaktierte informativ diesbezüglich aber kurze Zeit später telefonisch Frau Beest und bekam von ihr knapp mitgeteilt, dass ich ab **1. Mai** im Revier unerwünscht wäre. Kommentarlos und abrupt beendete ich das Sekundengespräch einfach durch Auflegen. Ein Hinterfragen wäre zwecklos gewesen. Natürlich zeigten sich meine Mitjäger solidarisch und mieden von Stund´ an ebenfalls diesen Jagdbogen. Vom Verlauf der Dinge waren die Jagdnachbarn rundum überwiegend überrascht, hatten wir doch im Gegensatz zu früher ein hervorragendes und vertrauensvolles Verhältnis zueinander aufgebaut.

Meine Tochter erlegte dort nach Lösen ihres ersten Jagdscheines, also **vor** dieser Begebenheit, ein sehr schwaches Bockkitz Anfang Dezember am Florrat. Frau von Beest bestand Monate danach darauf, die „Krickel", wie sie sagte, dieses Böckchens in Augenschein zu nehmen!? ... Da hing die oberlehrerhafte Jagdherrin mächtig raus! ... Unverständlicher Standesdünkel! ... Wer kocht schon einen Kitzbock ab? Erwähnenswert ist auch noch, dass ich im letzten Jahr totales Abschussverbot für Rehwild hatte und das Raubwild und die Gänse auch während der Schonzeiten bejagen sollte. Da wirft sich wohl die Frage auf, wer ihr diesen Floh ins Ohr gesetzt hatte und woher dieser schleichende Sinneswandel kam.

Die alte Dame sah die Jagd nur durch die feudale Brille hochherrschaftlichen Waidwerkes vergangener Zeiten und nie das ehrbare Handwerk der grünen Zunft, welches mit viel Zeit, Arbeit und Kompromissbereitschaft in alle Richtungen einhergeht, uns aber auch entsprechend Raum für Harmonie, Zufriedenheit und Dankbarkeit, auch im Sinne der Schöpfung, lässt.

Letztendlich komme ich zu dem Ergebnis, dass die alte und ehrwürdige Chefin nicht nur in Sachen Wildschaden, gepaart mit Raffgier und Vorteilsnahme Anderer, mächtig über den Tisch gezogen und mitleidig belächelt wurde, was ich ihr aber gerne im Rahmen meiner Möglichkeiten erspart hätte!

Mittlerweile deckt auch sie die kühle Erde. „Märkische Heide" und das „Große Halali", auf dem Waldhorn gespielt, klingen gedanklich über ihrem Grab.

Irgendwann werden aber auch diese Geier und Gierschlünde erkennen müssen, dass das letzte Hemd keine Taschen hat...!

Jagen und Loyalität ist das Eine,

Selbstachtung das Andere!

13. Wetterau

Für die vielen Facetten und Eindrücke meines Jägerlebens war unter anderem auch D. in Sachen Niederwild und Flinte prägend. Die weiten und flachen Reviere der Wetterau lockten immer wieder mit Hase, Fasan, Rebhuhn und Ente.
Da ich wahrscheinlich der letzte Jäger Hessens war, der ohne Vorbereitungskurs die Jägerprüfung aufgrund einer langjährigen Praxis machte, auch (ohne Eigenlob!) super bestand, und deshalb von einem Prüfer alten Schlages, Vereinskritiker und Hundemann besonders vor den Anderen, nämlich Prüflingen, Lehrern, Ausbildern und Honoratioren des Jagd-

vereins, hervorgehoben wurde, hatte ich natürlich hier in der Gegend keine besonders gute grüne Lobby. „ ... der sieht nur das Blumenbeet, aber nicht den Spaten"! Dass ein jahrelanges und intensiven Verinnerlichen des „Blase"; des „Deutschen Waidwerkes", „Dietzels Niederjagd" und jede Menge Fachlektüre bis hin zum jahrelangem Abo der „Pirsch" zu diesem Ergebnis führten, mochte niemand so recht glauben. Dazu kam, dass dieses meine Welt war und ich das Gelesene in der Praxis erforschen und ausprobieren wollte, soweit es in meinem bescheidenen Rahmen möglich war. Das aktive Führen von Arry, Nicki, Ratz und Bora, Bauen von zig Hochsitzen in der Umgebung, das Anlegen und Beschicken von Kirrungen und Fütterungen, Hunderte von Ansitzen mit Fernglas, unzählige Stunden als Treiber, all diese Revierfrondienste für die Jägerei in meinem Umfeld galten auf einmal nichts mehr. Auch stieß das kritische Betrachten und Hinterfragen von Methoden und Ansichten der „Alten" oftmals auf keine besondere Gegenliebe! Als Folge davon blieben für den unangepassten Grünschnabel die Jagdeinladungen aus.

Retter in der Not war D., Musiker, kurzzeitig Dirigent unseres Musikvereines und Pächter eines großen Niederwildreviers in der Wetterau. Es dauerte nicht lange, und aus dem „Sie" wurde „Du" und für mich öffnete sich eine neue, wetteraugeprägte Jägerwelt, nämlich die Niederwildjagd in vollen Zügen. Damals waren Tagesstrecken von 300 Hasen in der Wetterau normal. Der Waidgerechtigkeit geschuldet, blieb aber mindestens ein Drittel des Reviers unbejagt. Auch die Strecke an den damals noch vorhandenen Teichen aus dem Braunkohletagebau mit 108 Enten an einem Sonntagvormittag mit acht Jägern wurde nie wieder getoppt. Da gab es schon mal eine blaue Schulter vom Rückstoß der Flinte ...!

Anfangs wunderte ich mich, wie man aus einer Doppelflinte rasend schnell vier Schuss loswerden kann. Nach genauerem Hinsehen gewahrte ich, dass in der Führhand des Schützen am Vorderschaft die beiden nächsten Patronen lagen. Die Flinte mit Ejektor wurde also nur mit Daumen und Zeigefinger zielgerichtet. Mittel-,Ring- und der kleine Finger hielten die nächste Ladung. Diese Technik eignete ich mir auch an und konnte so in der Folgezeit ebenfalls gute Strecken und Dubletten erzielen. Natürlich wurden die ausgeworfenen leeren Patronenhülsen dann auch wieder aufgesammelt.

Große Kesseltreiben in weiträumiger Feldflur waren die Regel. Auf einer solchen Jagd ertönte einmal kurz nach dem Schließen des Kessels der Ruf nach einem Arzt. Meine Nachbarjägerin zur Linken war Ärztin. Der übernächste Schütze rechts war zusammengebrochen und lag im Schnee. Es dauerte keine Minute bis die fachkundige Hilfe bei dem Verunglückten war und eine Reanimation durchführte. Es war vergeblich; sie konnte nur noch den Herztod feststellen. Betroffen wurde das Jagen abgebrochen und der Pfarrer, auch ein Mitjäger, hielt eine kurze Andacht.

Drei Wochen später wurde diese Jagd wiederholt. Ich erlegte insgesamt dreizehn Hasen. Das letzte Treiben war ein Drückerchen rund um einem flachen, zugefrorenen Teich mit inselartigem Schilfbestand. Die Schützen standen außen sehr dicht, und die Treiber lärmten auf dem Eis im Kessel. Mit kam ein roter Allerweltsfuchs im besten Winterbalg auf gute Entfernung gegen die Uferböschung im Schilf. Im Hagel der Schrote verendete er blitzartig. Der Fuchs hatte einen Wert von fünf Hasen. Somit kletterte meine Streckenzahl auf achtzehn Punkte, und ich wurde nach dem Schüsseltreiben zum Jagdkönig gekürt. Der Schnaps für die Jagdgesellschaft war somit gerettet! Auch das Jagdgericht verdonnerte mich nochmals zu zwei Flaschen Korn. Einen Grund dafür fand man immer. Dies waren z.B. mal schnell ins Brot beißen während des Jagens, das Hervorkramen eines Taschentuches oder einfach nur im falschen Moment Gähnen oder Husten!

Zu vorgerückter Stunde in fast leerer Kneipe, an der Theke sitzend, brauchten wir noch etwas Bier, um im kleinen Kreis das Gewesene nochmals genauestens unter die Lupe zu nehmen. „Pollux", der ausgeliehene Magyar Visla von W, saß natürlich mit in dieser Runde. Geliehen, da meine Wachtelhündin heiß war.

Dieser starke Rüde war ein geschmuggelter Welpe aus Ungarn und somit einer der ersten ungarischen Vorstehhunde zumindest hier bei uns in Oberhessen. Pollux schleckte auch zwei/drei Bier aus einer sauberen Hundeschüssel mit. Nach dem Absacker wurde dann sinngemäß zum Aufbruch geblasen und die Heimreise angetreten!

Damals konnte man in diesem Zustand noch gut Auto fahren. Die Leber war abgehärtet, der Entzug der Fahrerlaubnis höchst selten, das Verkehrsaufkommen eher gering zu dieser Uhrzeit, und das Steuern eines Kfz unter mäßigem Alkoholeinfluss war eher ein Kavaliersdelikt, solange nichts passierte und man nicht erwischt wurde. - Unvorstellbar heute, dieser Leichtsinn! - Wir kamen langsam zwar, aber ohne Kontrolle nach Hause. Dank der damaligen, hervorragenden Schlechtwetterregelung auf dem Bau konnte ich am folgenden Morgen ausschlafen.

Tags darauf brachte ich Pollux einen Rinderpansen zum Dank für seine treuen Dienste anlässlich der vergangenen Jagd. Er hatte sauber und viel apportiert, war also ganz mein Hund. W. nahm den Pansen dankend in Empfang. Allerdings wunderte er sich, dass Pollux jetzt schon den zweiten Tag nur in der Hütte verbracht habe, was doch sonst nie der Fall wäre? „Er war sehr fleißig und hat sehr viel apportiert, wahrscheinlich plagt ihn der Muskelkater!" so lautete meine ausweichende und nicht ganz erschöpfende Antwort.

Münzeburg

Schüsseltreiben

Nach einem ereignisreichem Jagdtag mit guter Nie-
derwildstrecke und dem üblichen Ritual traf man sich
zum gemütlichen Schüsseltreiben im Dorfgasthaus.
Die Dreckstiefel wurden im Hof am hölzernen Was-
serzuber mit dem Stallbesen geschrubbt, und rein
ging es in die gute Stube. Im anhängenden Saal der
Kneipe hatte die ganze Korona Platz. Die Flinten hin-
gen zum Teil aufgeklappt an der Garderobe und die
Hunde lagen zu Herrchens Füßen oder abgelegt an
der Seite. Deftige Rippchen mit Sauerkraut standen
in Schüsseln und Platten auf den Tischreihen. Neh-
men konnte sich jeder, soviel er wollte. Jagen macht
aber nicht nur hungrig. So floss auch das Bier in Strö-
men. Auch der zur Verdauung absolut notwendige
Korn kam dann flaschenweise. Gemütlich saß man

nach dem Essen beisammen und pflegte die Kameradschaft bei deftigem Humor, tauschte Jägerweis- und -wahrheiten in dicken Tabakwolken aus und sang markige Jägerlieder. Ein Klavier oder Akkordeon war meistens vor Ort, ebenso jemand, der des Spielens zumindest einigermaßen mächtig war. Vielleicht wurde auch schon entsprechend eingeladen, auch wenn die Schießfertigkeit des Musikers eher zu wünschen übrig ließ...! Geselligkeit und das Feiern war auch damals schon enorm wichtig.

Einer solchen illustren Gesellschaft gehörte auch einmal eine alleinstehende, mittelalte, vollbusige Dame an. Schon allein die Tatsache, zu dieser Zeit Jägerin zu sein, lies manchen einen bewundernden zweiten Blick riskieren. Listig und lebensbejahend funkelten ihre falten-gesäumten Augen. Dezente Lippenröte passte gut zur attraktiven Erscheinung! Ein auch älterer, schon seit einiger Zeit verwitweter, grünbeschlipster und wohlbeleibter Bauernjäger aus dem Dorf liebäugelte und flirtete heftig mit ihr. Amors Pfeile verfehlten ihr Ziel nicht. Sie genoss es und erwiderte seine Balz offensichtlich. Dies blieb natürlich nicht unentdeckt, und es wurde solange in der Runde heimlich getrickst, bis er den Stuhl neben ihr innehatte. Unter der rautengeprägten Papiertischdecke wurden dann erste Zärtlichkeiten ausgetauscht. Zu nachtschlafender Zeit, im Bier- und Zigarrendunst, kam dann einer aus der Mannschaft auf die glorreiche Idee, dieses junge, offensichtliche und spontane Glück hier und jetzt zu vermählen.

Schnell wurde ein redegewandtes und allseits bekanntes Unikum aus der Runde in Grün dazu verdonnert, den Pfaffen zu spielen. Das weiße Beffchen, wie es bei evangelischen Pfarrern üblich ist, war aus Toilettenpapier gefaltet und über dem oberen Hemdknopf im Kragen fixiert. Weihwasser, geschöpft aus der Gläserspüle, wurde aus einem kleinen, bunten Spielzeugeimerchen mit der Spülbürste unter Kopfnicken und Segenswünschen auf die Anwesenden versprüht. Als Brautschleier musste ein schnell abgenommener Fenstervorhang herhalten. Weihe- und würdevoll lief die Trauungszeremonie ab. Als Bibel fungierte der „Aktenordner" des Jagdgerichtes, natürlich mit hochprozentigem Inhalt. Brautführer und Messdiener waren ebenfalls ökumenisch zur Stelle. Andächtige Ergriffenheit herrschte im Saal als das Brautpaar zum bruchgeschmückten Altar schritt. Dazu war der Tisch des Jagdgerichtes umfunktioniert. Der Brautchor aus Lohengrin wurde vielstimmig zu Akkordeonklängen gesummt. Nur ab und an konnte sich der eine oder andere das Lachen nicht verkneifen und man hörte urige Grunztöne aus wohl benetzten Kehlen. Mit dem „Jawort" und einem erbaulichen Schluck aus der „Bibel" neigte sich das Zeremoniell dem Ende zu. Etwas schüchtern kamen sich Braut und Bräutigam dann nach der Aufforderung des „Pfarrers" mit gespitzten Lippen näher. Der Kuss ging im Lachen und dem Applaus der „Hochzeitsgäste" unter.

Als weiterer Grund zum Feiern und unter ebenfalls tosendem Gelächter mit kräftigem Beifall kam nach der „Eheschließung" der Vorschlag aus der grünen Runde, im kommenden Jahr an gleicher Stelle auch eine Kindstaufe aus dieser Verbindung abzuhalten! ... Zeiten, denen man ehrlich und dankbar nachtrauern kann...

Enten

An einem Teich in Ortsrandnähe jagten wir an einem herrlichen Sonntagmorgen im kleinen, erlauchten Kreis auf Enten. Werner war als Ehrentreiber mit von der Partie. Wir machten gut Strecke. Ein Erpel kam mir hoch und strich in Richtung Dorf. Von meinen Schroten tödlich getroffen, segelte er im hohen Bogen direkt in den Garten eines Wohnhauses am Ortsrand. Auf der Terrasse schlug er auf und rutschte noch über die Schwelle der Terrassentüre bis in das Esszimmer der Bewohner. Werner eilte hin und bat höflich um Herausgabe der Ente. Den Anwohnern und uns kamen die gebratenen Tauben aus dem Schlaraffenland in den Sinn...!

Der Häher rätscht nicht ohne Grund!

Gustav, mein DK in seinen besten Jahren, und ich waren zum Entenstrich in das Nachbarrevier eingeladen. Wir bezogen an einem recht großen Teich unsere Stände. Der mir zugeteilte befand sich auf einer schilfbestockten, kleinen Halbinsel mit Weidenbusch. Gustav war frei abgelegt neben mir. Dies funktionierte meistens hervorragend, verstanden wir uns doch blind. Mein Nachbarschütze war ein Zahnarzt, den ich nicht näher kannte und der übernächste „Onkelchen" von D.

Entenstrich heißt, Ruhe auf dem Stand, keine unnötigen Bewegungen, bestmögliche Tarnung und viele Patronen. Nach gefühlt endloser Zeit kam endlich das erwartete Schwirren in der Luft. Eine der vielen Enten kam gut, mitschwingen, drücken und sie klatschte leblos ins Wasser. Gustav begann sich zu regen, wurde aber beruhigt mit dem Versprechen, nachher darfst du...! So fielen bei mir nach dem gleichen Prinzip sechs Enten. Onkelchen rief in der Hitze des Gefechtes: „Verdammt, schießt der Doktor aber heute gut!" „Das bin net ich, mein Nochbar is des!" so die Antwort des Arztes. Natürlich war ich sehr stolz auf mich und meinen Glückstag.

Jetzt gewahrte ich eine schlangenartige Bewegung neben mir. Gustav hatte das Warten satt und schob sich nach Art eines Krokodils robbend über die Schilfkante ins Wasser. Mit einem Grinsen ließ ich ihn gewähren. Folge davon war, Gustav brachte nicht nur meine sechs Enten, sondern alle, die er finden konnte. Dies waren dann elf Stück, die ich nach der

Jagd schleppen konnte! Unvergesslich...!

Schnapsbrennen

Anderenorts erwähnte ich, kleinbäuerlich aufgewach-
sen zu sein. So ist es selbstverständlich, dass ich ne-
ben etwas Ackerland auch Streuobstwiesen mit gu-
tem Baumbestand besitze. Hiervon wird die Ernte
nicht nur als Lagerobst verwendet, sondern auch ein-
gekocht, tiefgefroren, gedörrt, zu köstlichem Apfel-
wein gekeltert und passenderweise auch mal einge-
maischt. In diesem Jahr war ein junger Birnbaum,
Sorte Mollebusch, zum ersten Mal besonders ertrag-
reich. Diese Früchte sind zwar unangenehm körnig
zwischen den Zähnen, aber von einzigartigem Bir-
nenaroma. Dieses sollte sich in Hochprozentigem
niederschlagen.

Mein langjähriger Schnapsbrenner hatte sein Ge-
schäft aus Altersgründen aufgegeben. Wo lasse ich
jetzt brennen? Durch Zufall entdeckte ich auf einer
Anhängerplane in einem Wetteraudorf den Rekla-
meaufdruck eines kleinen Destillationsbetriebes. Das
Handyfoto sicherte mir die Adresse. Irgendwie kam
mir dieser Name aber bekannt vor, und ich kramte in
allen Windungen meines Gehirnes nach dem Wo, Wie

und Wann. Auch das Telefonat mit der Zusage des Brennternmins brachte noch keine endgültige Klarheit. Der Teilnehmer war auch Jäger, soviel war klar. Die grauen Zellen rotierten und vernetzten sich. Langsam kam Licht ins Dunkel. Vor vielen Jahren, R. war Jungjäger, bejagten wir Füchse in den, von mir hergestellten Kunstbauen und Rundballenhaufen in der Nachbarjagd bei Matthias. Dabei erlegte R. als Gast seinen ersten Fuchs. Meine Hexe hatte ihn gebracht. Nach Ende der Jagd packte R. dann einen selbst gebrannten Obstler aus und reichte ihn in die Runde. Das klare Waidmannsheil schmeckte, natürlich linkshändig getrunken, köstlich. Die Jahre gingen ins Land.

Beim Anliefern der Birnenmaische kam dann Auge in Auge die Bestätigung: „Er ist es!" Allerdings waren die Jahre nicht spurlos an uns vorübergegangen. Somit war dann alles in trockenen Tüchern, und ich freute mich auf den Brennvorgang, bei dem ich zugegen sein durfte. Tage später saßen wir im, von warmen Birnenduft erfüllten Brennraum und ließen Erlebtes und die alten Zeiten an uns vorüber ziehen. Seine Enkel sind etwas älter als unsere, und so ging uns der Gesprächsstoff nicht aus. Langsam begann der Vorlauf zu tröpfeln. R. hat ebenfalls ein Vogelsbergrevier, in das seine Enkel ihn gelegentlich begleiten. Auch sie sind in den Kreislauf des Kommens und Gehens bewusst eingebunden und wissen, dass wir auch Fleisch vom Wild essen dürfen. Stressfrei erlegt, sauber aufgebrochen, ebenso zerwirkt und schmackhaft zubereitet ist es ein wertvolles Geschenk der Natur, andere sagen: Eine Gabe Gottes.

Dies wiederum war Stichwort und Überleitung für folgende Begebenheit: R. war mit seinem älteren Enkel zum Ansitz. Ein Rehbock sollte erlegt werden. Sie sitzen und sitzen. Langeweile kommt auf. Dann meinte der Enkel flüsternd, „Opa, bete doch einfach mal zu Diana, damit sie uns ein Reh schickt!" Verdutzt über die freimütige Aussage des Siebenjährigen, raunte R. leise mit gefalteten Händen zu Diana, sie möge doch bitte ein Böckchen schicken. In der späten Dämmerung knackste es hinter dem Rücken der beiden. Ein braver Gabler zog im letzten Licht über die Rückeschneise nach vorne, gab das Blatt frei und verendete im Knall. Diana, vielleicht aber auch jemand anderes, hatte ein Einsehen und entsprach dem Opa- und Kinderwunsch!

Zu dieser und bei vielen anderen Geschichten ließen wir uns ein deftiges Brennerfrühstück schmecken. Es bestand aus frischer Wildfleischwurst und knusprigen Brötchen aus der Hand. Der Brennvorgang neigte sich nun langsam dem Ende zu. Der Mittellauf wurde auf 42% gesetzt, der Nachlauf abgefüllt und die Heimreise mit der, für diesmal, eher dürftig ausgefallenen Schnapsausbeute angetreten.

Wir hatten zunehmenden Mond, die Bestellungen an Wildbret stapelten sich. Ansitzen war angesagt. Ich hatte die Kirrung an der Kalten Buche, genannt „Hexe", gewählt. Der Mond spendete gutes Licht und ich wartete auf Sauen, die sich immer wieder mal, aber nicht regelmäßig hier einstellten. Mehrere Stunden sitze ich schon. Drei Käuzchen direkt in meiner Nähe machten das Warten zum Erlebnis. In Gedanken versunken, kommt mir die Geschichte mit dem Stoßgebet zu Diana in den Kopf. Ob das auch bei mir klappt? Halbherzig zwinkernd flüstere ich meinen Wunsch nach einer Sau zu Diana in den zunehmenden Dreiviertelmond.

Den Eulen war meine Gesellschaft dann doch unheimlich, und sie schaukelten lautlos ab. Kurze Zeit danach stand wie von Geisterhand hingezaubert eine starke Sau breit auf der schmalen Schneise. Kein Geräusch, kein Knack hatte sie angekündigt. Während des beherzten aber bedächtigen Griffes zur Waffe neben mir verschwindet sie wieder genauso gespenstig und für mich unerreichbar im rechten Bestandesdunkel. Bange Minuten später überfällt sie viel weiter unten das Gestell entgegengesetzt und ist für heute weg. Da hat mir es Diana aber heftig gegeben...! Scheinheiligkeit, Häme und Spott verträgt sie anscheinend nicht!

14. Über die Grenze.

Es sind mittlerweile doch schon einige Jahre vergangen, als ich bei einem guten, älteren Jagdfreund zu Gast war. Ein hervorragendes Birnendestillat Schwarzwälder Herstellung duftete vollmundig aus dem bauchigen Schwenker in der hohlen Hand und vergangene Zeiten rauschten wie Wölkchen an uns vorüber. Angesichts der vielen Trophäen an der Wand seines Jagdzimmers wurde manche Erinnerung wach. Zu der Anordnung der Trophäen fiel mir aber auf, dass einige Gehörne etwas abseits platziert waren. Nach dem Grund gefragt, nippte er an seinem Glas und grinste zwinkernd in meine Richtung. „Weißt du, das hat alles seine Ordnung. Die vielen dort links sind aus meinem Vogelsbergrevier. Diese da stammen aus der Wetterau, wo ich auch einen Begehungsschein hatte, und diejenigen, die du jetzt angesprochen hast, … standen … nicht so direkt … in unserem Revier…! Nach so vielen Jahren und in meinem Alter kann man das ruhig zugeben...! Du siehst, es waren ja auch nicht so viele...!"

Hin und wieder, vielleicht auf dem Hochsitz oder in einer anderen ruhigen Minute kommt auch bei mir dieses nachdenklich-berühmte Grinsen, wenn ich über Grenzen nachdenke....

An einem schönen Sonntagmorgen ging ich zum Frühansitz in die „Langen Buchen". Da ich aber nicht so der Morgenjäger bin, war es doch schon leicht dämmrig, als ich die Kanzel im Hochwald pirschend erreichte. Beim Schritt über den Wegrand zur nahen Leiter bemerkte ich eine Bewegung direkt vor mir im Unterwuchs. Das Abgleiten der Blaser von der Schulter mit gleichzeitigem Spannen und Anschlagen war automatisierte Handlung. Im schwachen Dämmerlicht stand mir in kürzester Entfernung eine starke Sau sichernd gegenüber. Anscheinend war sie von der Situation ähnlich überrascht wie ich. Der Zielstachel stand im Leben, aber halbspitz von vorne. „So wird das nix! Dreh dich!" … Abläufe in Millisekunden... Sie tat es, und in der Wendung seitwärts schoss ich. Die Wutz ging ohne erkennbares Zeichnen ab.

Nach wenigen Schritten auf der Fluchtfährte fand ich mittels Taschenlampe erleichtert Schweiß, dann auch noch hoch an einer Brombeerranke abgestreift. Ich fuhr nach Hause und holte Ricke, wohnte ich doch im Revier. Auch ein Mitjäger wurde alarmiert. Wir trafen uns nach einer knappen Stunde in Anschussnähe und ich legte meine Glatte am langen Riemen zur Fährte. Der Kollege wartete am Hochsitz. Erwartungsvoll zügig arbeitete der Jagdterrier die Wundfährte in Richtung „Schwartemagen", so die Flurbezeichnung. Wir querten aus dem Altbuchenbestand einen Fichtenanflug und einen Weg am sich anschließenden Stangenholz. Ricke wurde jetzt noch heftiger und fuhr nach etwa 150 m Wundfährte der verendeten Sau gnadenlos in die Schwarte. Auf mein lautes Rufen „Sau tot!" eilte mein Kumpel mit einem Bergeseil zu mir. Um das Gebrech geschlungen, ging das Liefern recht flott. Als der starke Überläufer zuhause aufgebrochen war und wir bei einer Tasse Kaffee saßen, kam uns die Erleuchtung: Wir hatten die Sau aus dem Nachbarrevier geholt! Der gequerte Weg zum Jungwald war die Reviergrenze …

Zu Beginn meiner ersten Anstellung wurden mir natürlich die Reviergrenzen gezeigt. Ich prägte sie mir genau ein. Dieser zweite Feldweg, vom Waldrand aus gesehen, ist das Ende unseres Jagdrechtes und somit der Beginn des Nachbarlichen. Bei einem Pirschgang erlegte ich dort Monate später über den ersten Weg

hinweg ein schwaches Böckchen auf einem angren-
zenden Kleeacker. Vom Haustelefon aus aus meldete
ich den Abschuss. Natürlich sollte ich Hergang und
Erlegungsort genau beschreiben. Gerne kam ich der
Aufforderung nach und berichtete ausführlich. Jetzt
wurde mir aber mitgeteilt, dass ich im Nachbarrevier
geschossen, also gewildert hätte! Die Jagdherrschaft
informierte den Nachbarn wegen des Verständigungs-
fehlers und man einigte sich gütlich und ohne Gram.
Das Böckchen durfte ich behalten.

Wir waren im kleinen, erlesenen Kreis jagdlich mit
Hexe im Seemenauenschilf auf Füchse unterwegs.
Hexe machte gute Arbeit und es lagen schon zwei
Rote auf der Strecke. „Jetzt stellen wir da drüben den
Weg zwischen dem Schilf noch mal ab, wahrschein-
lich stecken dort Sauen!" so vermutete der Jagdherr.
Gesagt, getan! Ich umschlug das Schilf und schnallte
Hexe unter Wind von der entferntesten Position aus.
Es war nichts drin. „Hahn in Ruh!" Ich trottete ge-
mächlich mit Hexe „bei Fuß" zurück zu den Anderen.
Auf der nahen Straße über mir kam in rasanter Fahrt
ein Geländewagen und bremste scharf. Ich ahnte Un-
gemach. Aus der geöffneten Tür herrschte mich ein
grün gekleideter Herr mittleren Alters an, was das
denn solle, und was wir in seinem Revier verloren

hätten? Ziemlich baff, aber doch geistesgegenwärtig, zeigte ich auf den angeleinten Terrier und meinte, ich hätte nur den Hund wieder eingefangen. Auch zeigte ich ihm dann den Repetierer, aus dem ich flugs und von ihm unbemerkt das Schloss entnommen hatte. Intuition ist alles. Ich befand mich arglistig getäuscht in der Nachbarjagd …! Glück gehabt! Es war mir eine Lehre, so etwas macht man (frau) nicht. Der Jagdschein hätte neben allem Trabbel auch weg sein können.

Ganz anders gelagert war der nächste Fall. Ich setzte Horst auf die Kanzel am Hirscheck. Auf der viele Hektar großen Wiese mit angrenzendem Wald, die Freunden gehörte, waren etliche Flächen von den Sauen bestens bearbeitet. Von Nacht zu Nacht vermehrte sich der Schaden, und wir kamen wegen des schlechten Wetters zum Einen, und zum Anderen wegen der Dunkelheit nicht zum Zuge. Horst war damals schon illegaler Weise im Besitz von Nachtsichttechnik und bot uns seine Hilfe an. Schweren Herzens rangen wir uns endlich dazu durch. Natürlich klärte ich ihn auch über den nahen Grenzverlauf auf.

Tatsächlich kamen ihm Sauen, aber sehr weit hinten. Er ging sie durch den rückwärtigen Fichtensaum gedeckt an und erlegte einen Überläufer. Zum Bergen sollte ich ihm helfen, was ich auch gerne tat. Sauber geschossen lag die Wutz etwas später in meinem Körbchen. Allerdings sagte ich ihm erst jetzt, dass er sie beim Nachbarn erlegt hatte. „Oh, stimmt, du hattest mir ja die Grenze gezeigt...!"

Die Furche eines Maisackers war gleichzeitig die Reviergrenze nach Nordosten. Es folgte eine eine große Wiesenfläche, über welche die Sauen anwechselten, um an den köstlichen Fraß zu kommen. So sagte es mir das Fährtenbild eindeutig. Gute Nachbarschaft ist Gold wert. Ich durfte nach Anfrage einen Drückjagdbock mit dem Rücken zum Mais stellen, sollte ihn aber nach Möglichkeit nur alleine benutzen. Weitere Infos wären nicht nötig. Auf dieser nachbarlichen Wiese erlegte ich zwei Sauen, wovon ich auch eine behalten durfte. So geht es auch!

Wir saßen im schönen Vogelsgebirge, Rolf auf der „Wespe" und ich über die Kuppe Richtung Dorf auf

„Bonifatius". Diese Namen kamen zustande, weil meine Kanzel direkt an der Bonifatiusroute stand und sich zu Beginn unsrer Pacht auf dem anderen Hochsitz sofort Wespen dauerhaft einrichteten. Nach schmerzhafter aber geglückter Umsiedelung des wehrhaften Volkes vor einigen Tagen konnte der etwas rundliche Rolf nun beruhigt darauf Platz nehmen. Sein Kommentar zu dieser Kanzel: „Die hot mei Gnad!" Rechts über ihm reifte ein mit halbierten Baustahlmatten gezäunter Maisacker. Die runden Ecken waren stark vom Rotwild beäst. Auch zog das Feld magisch Sauen an. Rolf hatte also einen hervorragenden Platz, zumal er auch von Höhenangst geplagt wurde, und der Sitz für ihn passend nur 80 cm Bodenhöhe hatte. Der Standort war, mit den Nachbarn abgesprochen, direkt mit dem geschlossenen Rückenteil an der Jagdgrenze. Auch war er über die sanft abfallende Wiese von oben her gut zu erreichen. Rolf hatte zwar einen Begehungsschein, aber bis dato trotz vieler Gelegenheiten noch nichts bei uns erlegt. Auch gehörte er zur Kompaktklasse mit Hosenträgern, war starker Raucher und übte beruflich eine überwiegend sitzende Beamtentätigkeit aus.

Die Sonne war gerade verschwunden, da krachte in meinen Abendansitz aus Richtung Wespe ein Schuss. Heftig rumorte dann das Handy in meiner Brusttasche. „Sau beschossen, dicker Keiler, brauche einen Hund...!" Paula war definitiv noch zu jung für eine vage Nachsuche und Alf 30 km weiter bei Frauchen. Also erst mal zum Anschuss und dann weiter entscheiden. Dieser zeigte dunklen Schweiß mit einem

Leberfetzchen. Wir gingen die deutliche Fährte aus, denn die Wutz müsste eigentlich liegen. Im Bogen zum Waldrand und dann wieder ein Linksknick über die Grenze ins Nachbarliche. ...in Sichtweite verendet, so war es in unseren Köpfen! Nach ca. 130 m diagonal zum Waldrand ging es steil bergab. Da lag unser „dicker" Keiler, mit geschätzten 45 kg, aufgebrochen natürlich.

Der Kollege hatte fürchterliches Jagdfieber und dadurch auch Schweratmigkeit. Nach meinem herzlichen Waidmannsheil zündete er sich eine Zigarette an, übergab mir seine R8 und meinte, den Haken sollte ich bitte mal holen. So geschah es. Ich hatte kaum die Grenzhecke von rückwärts her erreicht, stand noch gebückt im Geäst und erblickte auf der Wiese auf recht kurze Distanz zwei Sauen, die sich offenbar unschlüssig waren, was hier eigentlich los war. Es war die erste R8 in meiner Hand, wo ist die Handspannung? ...fremde Waffe...besser nicht! ...weg waren die Sauen...! Den Repetierer stellte ich nun in das Kanzelchen und holte meinen Subaru mit Körbchen und Schlepphaken. Um Weg und Mühe zu sparen fuhr ich den Grenzweg bis zum Waldrand hinunter. Mittlerweile war die Dunkelheit hereingebrochen, was auch durch die Blendung der Autoscheinwerfer verstärkt wurde. Ich fand Rolf durch das Leuchten mindestens einer erneuten Zigarette auf einem Stubben bei dem Wutzchen sitzend. Unterkiefer der Sau schlitzen und Haken einhängen, mit dem man zusammen gut ziehen konnte, ging flott von der Hand. Anders die knappen 12 m bergan mit Brombeeren, Kletten und Disteln unter ca. 45 Grad. Rolf strauchelte mehrmals und küsste den Waldboden. Eigentlich zog ich die 60 kg tote Wildschweinmasse alleine. Oben wurde es dann besser. Nach vielen Pausen gelangten wir endlich ans Körbchen. Es konnte Verladen und die Heimreise zur roten Arbeit angetreten werden.

Zu Hause wollte der Erleger sich genau anschauen, wie „neuerdings" im Hängen aufgebrochen wird...! „Saubere Sache!" so sein Kommentar. Beiläufig lies ich mir dann bei dem obligatorischen Nachher-Bierchen die R8 erklären! ...Ach, ja, da war ja auch noch eine Grenze...!

Wieder mal an der Ostgrenze unseres Reviers, ich hatte die Kirrung besetzt, an der ich schon viele Sauen erlegen konnte. Hier kamen sie fast auf Bestellung. Es war bedeckter Himmel, knapper Vollmond und Regen angesagt. Die Gedanken drehten sich nach einigen Stunden schon ums warme Bett zuhause, da stand urplötzlich und ohne Vorwarnung eine mittelprächtige Sau mitten auf dem Plan. Natürlich sagte der Bergstutzen seine Meinung dazu. Sauber hinter dem Blatt abgekommen, und kurzes Krachen nebenan. Am Anschuss ist dunkler Schweiß, hellrot vermischt und die Fährte steht in den Dornenverhau rechtsseitig.

Mit dem Revolver in der Hand und mit dem Licht der Kopflampe krieche ich in die Dornen, dem Sauentunnel und dem Schweiß augenscheinlich folgend, in der Gewissheit, sie liegt. Irgendwie verhakt sich aber etwas an meinem Kopf, und in der Drehung löst sich der Deckel des Batteriefaches des Lämpchens. Mangels „Öl auf der Lampe" umfängt mich völlige Dunkelheit, halb auf dem Rücken liegend. Das Tasten nach den verlorenen Akkus im Gras verläuft ergebnislos. Mit vager Orientierung robbte ich planlos den Weg des geringsten Widerstandes durch die Hecke oder vielleicht war es auch schon der angrenzende Bestand mit seinem ebenfalls dichten Unterwuchs. Zwanzig, dreißig Meter können sehr weit sein...! Irgendwann konnte ich wieder aufrecht stehen. Das tat gut! Im Bogen tappte ich dann vorsichtig bergab und kam tatsächlich von rückwärts auf die Freifläche der Kirrung. Jetzt war alles geklärt.

Nachsuche mit Jule am kommenden Morgen. Jule, ein Mix aus meiner Otti und Karlis BGS, kam an den langen Riemen. Eigentlich hätte ich den Schweißriemen bei Jule nicht gebraucht. Sie ging stets langsam mit tiefer Nase auf der Wundfährte wie auf Schienen, buchstabierte alles aus und hatte immer wieder kurzen Blickkontakt zu mir. Wildschärfe war nicht ihre Paradedisziplin, aber sie zeigte mir jede Kleinigkeit.

So auch hier. Mit schleifendem Riemen schnüffelte sie bedächtig durch besagte Hecke, die ich jetzt bei Tageslicht der Einfachheit halber natürlich umschlug. Jenseits davon passierte die Suche bergan die Reviergrenze um im rechten Winkel wieder talwärts die Ecke einer Wiese diagonal abzuschneiden. In der Grenzhecke lag meine Wutz. Zufällig konnte ich sie etwas entfernt sehen und Jule kam auf der Fährte rechts neben mir auch zur Sau. Es hatte den Anschein, als wollte sie mir mitteilen, was denn diese Verarsche sollte? Hättest mir auch sagen können dass du wusstest, wo sie liegt ...!

Nach ausgiebigem Lob und Abklopfen unsrer Schwarzen zog ich die Beute sang- und klanglos die wenigen Meter über die Grenze...!

Der Mensch ist mit gleichnamigen Schwächen behaftet! (:-)

15. Waidmanns Gustel

Bora, meine braune Wachtelhündin, hatte überhaupt keinen Beutetrieb. Dieses Phänomen ist bei einer Gebrauchshunderasse äußerst selten und ich hatte auch nie vorher davon gehört. Sie interessierte sich tatsächlich in keinster Weise fürs Jagen. Schussscheu oder wesensschwach war sie allerdings auch nicht. Sie gab mir ein Rätsel auf, welches ich einfach nicht ergründen konnte. Nach knapp zwei Jahren gab ich meine Hoffnung auf einen brauchbaren Jagdhelfer auf und verschenkte sie an eine befreundete Familie. Dort führte sie ein, für sie angenehmeres Leben weitab der Jagd.

Irgendwann in dieser Zeit begegnete ich zufällig Dankward bei einer Festlichkeit unseres Vereines. Er stammte auch aus meinem Heimatdorf, war damals Berufssoldat und dem Jagen sehr zugetan. „Danki", so sein Dorfname, führte den Deutsch-Kurzhaar-Rüden „Sallo Pöttmes". Wir verabredeten uns kurzerhand zu einem jagdlich-informativen „Spaziergang" mit Hund in unserer Gemarkung. Dabei konnte ich mir ein genaueres Bild von diesem DK machen. Das damals bei mir herrschende Vorurteil des nervigen, ständig zitternden Kurzhaares war bald verschwunden. Sallo hatte einen vorbildlichen Appell, sämtliche Prüfungen des Club Deutsch-Kurzhaar und JGV bestens absolviert und war insgesamt ein ruhiger, wesensfester und dazu noch ein wunderschöner Rüde. Aufgrund seiner hervorragenden Leistungen stand er natürlich der kurzhaarigen Damenwelt bevorzugt zur

Verfügung.

Sallo lief ohne Leine einige Meter entspannt vor uns
her und zeigte dennoch, dass er Lust zum Jagen hatte.
Zufälligerweise gingen bei diesem Reviergang kurz
vor uns aus dem Lohrrain drei Rehe hoch. Gelassen
pfiff Dankward ihn nach kurzem Spurt in „Halt" ab.
Der Hund lag sofort mit Blick auf die Rehe zum Ja-
gen gespannt, aber in Ruhe ein Kommando erwar-
tend. Sallo ließ sich dann ruhig abrufen und ohne
Umschweife anleinen. Die Rehe interessierten ihn
nicht mehr.

Jetzt hatte ich alle DK-Vorbehalte über Bord gewor-
fen und war von diesem Rüden sehr angetan. Der
Rest des Nachmittages drehte sich dann ganz klar nur
noch um diese Vorstehhunde. Telefonnummern und
Adressen wurden getauscht und im Hinterkopf das
Erlebte eingegraben.

Irgendwann nach Bora fehlte mir eigentlich wieder
ein „Großer" und Onkel Karl war ebenfalls ohne
Hund. Es folgte ein Anruf zu Dankward. Er empfahl
uns in Biblis den Wurf einer Hündin, die Sallo belegt
hatte. Das hörte sich gut an, und wir reservierten
schon mal. Als die Bande fünf Wochen alt war, fuh-
ren Onkelchen und ich an den Rhein. Alle Welpen,
braun meliert, strotzten vor Gesundheit und tapsiger
Neugier. Wir suchten uns die Kleinsten aus, Karl die
Hündin „Granne" und ich den Rüden „Gustel". Mit
acht Wochen zogen sie dann bei uns ein. Meine Te-
ckeldame „Hexe", ein Gergweiser, akzeptierte den

Neuankömmling sofort.

Neben dem alltäglichen Jagdbetrieb begann ich umgehend und behutsam Gustav auf die Jugendsuche (Derby) vorzubereiten. Alle Prüfungsfächer absolvierte er in der Ausbildung hervorragend. Einziges Fragezeichen war mangels Gelegenheit an Niederwild das Vorstehen. Dieses hatten wir wenig erfolgversprechend an Tauben im Käfig geübt. Aber, wie ich meinen Gustav kenne, wird er das schon schaffen, so meine Euphorie.

„Derby" war dann in den Rheinauen. Gustav bestach auf dieser Prüfung zunächst durch guten Appell, Führerbezogenheit und was es so alles noch zu bewerten gab. Dann kam die Suche mit Vorstehen. Mein Brauner stand auch gut vor, sodass ich mir eigentlich einer guten Note sicher sein konnte. Auf dem Weg zum Anleinen stach er aber einen Hasen. Lauthals und bis weit in die Weinberge am Horizont ging er dem Krummen nach. Auf mein Pfeifen reagierte er entgegen seines normalen Verhaltens nicht, zu verlockend waren die Düfte dort von dem Hasen und den massig aufsteigenden Fasanen. Er wollte mir zeigen, welch toller Hund er doch wäre, und wie viel Wild er gefunden hätte, ich sollte zu ihm kommen und mit ihm jagen. Hier wäre doch richtig viel los! … Irgendwann und weit über die gesetzte Zeit hinaus begnügte er sich, dann doch endlich zu mir zu kommen.

Für mich und meinen Kurzhaar war das „am-Wildbleiben" ein prägendes Erlebnis und ein Grund großer Freude, aber für die strengen Prüfer leider nicht…! Mit einer nicht so guten Note tuckerten wir am Ende heimwärts. Für weitere Prüfungen meldeten wir uns in der Folgezeit aus „beruflichen" Gründen dann nicht mehr an. Wir konnten nun aber als Team unbekümmert in unseren Gefilden jagen. Ich wusste, dass ich einen guten Hund hatte. Lediglich die Wildschärfe war nicht seine Paradedisziplin, Sallos Gene schlugen hier wahrscheinlich nicht ganz durch. Dafür war er aber ein Buschierer vom Feinsten und brachte aus Passion zu Lande und zu Wasser alles, was er irgendwie tragen konnte. Igel, zur Kugel gerollt, schleppte er kilometerweit. Einmal brachte er mir aus einem Graben sogar ein halb verwestes Schaf. Ich konnte ihn nur mit dem Taschentuch vor Mund und Nase loben…! Gustav wurde ein imposanter Hüne, machte seinem Namen alle Ehre und konnte sogar kurzzeitig tauchen. Granne, seine Wurfschwester, blieb eher zierlich, war aber auch jagdlich sehr gut.

Irgendwann nach Teckel Hexe zog dann „Ricke", ein DJT, bei uns ein. DK und Terrier liebten sich abgöttisch. Nichts war vor ihnen sicher. Zusammen mit meiner kleinen Tochter, die ihn liebevoll „Bufbaf" nannte, verlebten wir herrliche Zeiten. Sina lag beispielsweise auf dem Riesenbaby und Ricke zerrt ein Handtuch unter den beiden hervor. Bilder, die man nie vergisst…! Ganz normaler (Jagd)Alltag!

Mit diesen beiden Hunden in den Nidderauen, der Wetterau oder im Vogelsberg zu jagen, war ein Genuss. Ricke stöberte, Gustav apportierte und ich

musste schleppen. Auf einer Entenjagd im Glauber-
ger Revier wollte Gustav einen Erpel aus der Nidder
bringen. Die Böschung war sehr steil, ausgebrochen
und mit Erlenwurzeln durchsetzt. Ich stand am ge-
genüberliegenden Ufer. Gustav war beim Abgleiten
ins Wasser kopfüber unglücklich mit dem linken Vor-
derlauf hinter eine solche, teilweise freigelegte Wur-
zel gekommen und sich eingeklemmt. Selber konnte
er sich nicht befreien, denn sein Körpergewicht ver-
hinderte den Rückzug. Ein Schulter- oder Vorderlauf-
bruch drohte, falls der schwere Rüde sich am Steil-
ufer überschlagen sollte. Sofortige Hilfe war geboten,
zumal Gustav ja auch pflichtbewusst die Ente holen
wollte. Der Weg über die etwas weiter entfernte Brü-
cke zur Rettung hätte zu lange gedauert. Also: Hund
beruhigen, dabei schnell dickere Klamotten samt
Flinte ablegen und rein in die herbstlich-frische Nid-
der und die wenigen Meter zum Hund watend und
teils schwimmend überwinden. Das gelang auch wie
angedacht, und ich konnte Gustav ohne Blessuren aus
seiner beschissenen Lage befreien. Natürlich holte er
danach sofort den mittlerweile abgetriebenen Erpel
und ich mir eine Erkältung.

An einem Samstag nach dem Einkaufen legte meine
Frau im Flur auf der Fensterbank einen Laib Brot ab.

Er hätte beim Transport über die Treppe aus dem Korb fallen können. Ich sollte ihn jetzt hochholen. Aber schon stand unser Kurzhaar in der Küchentüre und brachte bilderbuchhaft quer im Fang das Brot. Auch da muss man loben…!

Ich hatte beim Morgenansitz einen Frischling im Weizen beschossen. Eigentlich müsste er liegen. Schauen wir mal. Gustav ging bei Fuß mit mir in Richtung Anschuss. Dabei warf ich den Schweißriemen lang und wollte den Braunen gerade anhalsen. Jetzt war Gustav aber etwas schneller. Ein kleiner Bogen von ihm und sofortiges Zupacken mit Aufnehmen der Wutz incl. sauberen Apport machten einen strahlenden und stolzen Jäger aus mir. Der Frischling hatte aufgebrochen 15 kg.

Gustav erscheint in vielen meiner Geschichtchen. Er zeigte mir überdeutlich, dass die Rasse eigentlich nur eine untergeordnete Rolle spielt, unsere Schweißspezialisten und die Erdrabauken mal ausgenommen.

Unsere Jagdkultur ist weltweit einzigartig
und erhaltenswert!

16. Hochsitznamen

Unser Revier hatte ziemlich genau 400 Hektar. Etwa ein Fünftel davon war Wald. Die Fichten dominierten bis 2020. Dann kamen die Borkenkäfer als Folge der geringen Niederschläge und der heißen Sommer. Kahlflächen und Neuanpflanzungen nehmen mittlerweile sehr viel Raum ein und werden sich großräumig zu interessanten und vielversprechenden Dickungen entwickeln. Die vogelsbergtypischen Wiesen wurden überwiegend extensiv genutzt. Sie sind mit vielen und langen Hecken, meist quer zur Hauptwindrichtung, durchzogen. So bieten sie seit vielen Generationen optimalen Windschutz und sind hervorragende Biotope, auch für Niederwild, Kleingetier und Insekten aller Art. Allerdings sind auch Ackerflächen vorhanden, die, je nach Fruchtfolge und geografischer Höhenlage, mit Mais oder Getreide bestellt werden. Unser Wild besuchte sie gerne, aber auch die Wiesen wurden gerne nach tierischem Eiweiß umgedreht!

Die notwendigen Ansitzeinrichtungen sind darum so platziert, dass man fast jede gefährdete, größere Fläche oder Abteilung besetzen oder zumindest die Wechsel dahin einsehen kann, egal, wie der Wind steht. Dies ist für die Wildschadensabwehr optimal und funktioniert super. Allerdings fällt es den einzelnen (Gast)Jägern im Allgemeinen schwer, den Platz, der zum Ansitz ausgewählt wurde, zu benennen. Umständlich wird dann oft der Weg dahin beschrieben, was schon mal falsch verstanden werden kann. So sind wir von Anfang an dazu übergegangen, den über sechzig Kanzeln und Drückjagdböcken Namen zu geben. Sie haben einen Bezug oder eine Verknüpfung zum Standort, der Flurbezeichnung, anderen Begebenheiten oder Erlebnissen und sind natürlich in der Revierkarte vermerkt. Eine Nummerierung wäre viel einfacher gewesen, ist aber in meinen Augen stupide und fantasielos. Mit den teils humorvollen Namen wird ebenfalls eine unverwechselbare und sichere Hochsitzbenutzung gewährleistet. Es kann aber auch eine besondere Ehrung mit dem Kanzelnamen verbunden sein. Kein anderer Jäger des Reviers stört unbewusst den Ansitz, zumal wir uns auch mittels Whats App verständigen. Dieses Prozedere ist in den meisten Revieren mittlerweile Gang und Gäbe.

Oft sind es bezeichnende Namen, die aufgrund eines spontanen Ereignisses gegeben werden. Beginnen möchte ich mit unserem „Storchennest". Es war zu Beginn des neuen Jahrtausends. Ich hatte ein spezielles Untergestell für meinen Kanzeltyp ausgedacht und entwickelt. Vier dicke Streben, am oberen Drittel aneinanderliegend, mittels Gewindestäben gegeneinander verschraubt, bildeten ein Geviert, auf das sich der Kanzelboden aufsetzte. Zugstangen oder Drähte sicherten diagonal im unteren Drittel. Allerdings konnte sich diese Bauart, ich nannte sie **„Strebenbock"** nicht wirklich durchsetzen.

Wir hatten ein solches exotisches Untergestell vor Ort aufgestellt, den Boden darauf ausgerichtet, befestigt und die Baustelle wegen des Materialtransportes verlassen. Bei dieser Fahrt sahen wir über dem Niddertal zum ersten mal in diesem Jahr den Schwarzstorch fliegen, der vermutlich vor kurzem aus dem Winterquartier zurückgekommen war. Groß war die Freude über diesen seltenen Anblick. Gerade wieder mit bepacktem PKW-Anhänger an der jagdlichen Baustelle angekommen, trafen auch zufällig unsere Waldarbeiter dort ein. Neugierig begutachteten sie kritisch das neuartige Untergestell. Die auch im Kanzelbau firmen Forstleute hatten zuvor ebenfalls den Storch gesehen. Jetzt fragten sie uns neugierig und scherzeshalber, ob wir denn ein „Storchennest" für den Schwarzen bauten. Schon war Name war gegeben! Mittlerweile ist fast am gleichen Standort eine neue Saunauntensitzer-Kanzel (Typ SUSI) entstanden, der Name ist aber geblieben.

Probieren geht über
Studieren!

Strebenbock

Zu unseren handverlesenen Begehungsscheininha-
bern gehört auch eine Jägerin. Sie ist die Zuverlässig-
keit in Person, ist sehr oft mit wachen Augen draußen
und kennt sich deshalb bestens aus. Ihre Erfahrung
und jagdliches Bauchgefühl ist immer gefragt. Stets
hat sie einen guten Tipp oder Hinweis parat, wenn es
um den Standort einer Einrichtung geht. Ihrem
Wunsch entsprechend, stellten der Beständer und ich
eine geschlossene Kanzel, gut erreichbar, an die Wie-
se des Jagdgenossenschaftsvorsitzenden, die oft von
den Sauen umgepflügt wurde. Es war ein heißer
Sommertag und der Schweiß rann in Strömen. Das

traditionelle Untergestell war ausgerichtet, und ich stellte mich oben auf die Bodenplattform um die endgültige Lage zu bestätigen. Alles war in bester Ordnung; gedankliches Lob an Ellen des hervorragenden Standortes wegen. Noch in luftiger Höhe stehend, kam mir laut lachend der Gedanke, wie das Ding hier jetzt heißen könnte. Ich klärte den Chef über meinen Einfall auf: Es gab irgendwann einmal den Werbeslogan „**Bauknecht** weiß, was Frauen wünschen!" Er fand den Gag ebenfalls gut, lachte mit, und der Name wurde Gesetz.

Diese Jägerin half mir irgendwann eine marode Kanzel notdürftig instand zu setzen. Zwei Ständer waren morsch und mussten unbedingt der Sicherheit wegen angeschuht werden. Dies bedeutet, dass an die vorhandenen Pfosten, die im unteren Teil abgefault waren, neue Hölzer als Verstärkung angeschraubt oder genagelt wurden. Es war nicht gut, aber unsrer Situation angemessen, eben „lang gut!" Ein Neubau konnte erst mal für dieses Jahr zurückgestellt werden. ...und wenn wir schon mal da sind... asten wir noch etwas aus! Ellen saß oben und gab an, welche Äste in das Schussfeld ragten. Beim gemeinsamen Wegräumen des Schnittgutes hörte ich hinter mir einen kurzen Aufschrei. Die Kollegin saß auf der Erde und hielt sich das Bein. Offensichtlich hatte sie große Schmerzen. Durch Umknicken mit unglücklichem Fallen war das Wadenbein angebrochen. Kanzelname: „Knochenbrecher!

Dringend, wie immer, musste eine geschlossene Kanzel an die östlichste Grenze des Reviers. Bei der Besichtigung des fertigen Bauwerkes durch die Mitjäger unterbreitete ich den Vorschlag, die neue Einrichtung wegen der östlichen Lage einfach „Orient" zu nennen. Wütender Protest eines Begehungsscheininhabers schlug mir übertrieben heftig entgegen. Etwas später begriff ich allmählich: Dieser Kollege stand politisch vermutlich etwas rechts und hatte dienstlich mit Menschen aus diversen Ländern nicht immer kooperativ zu tun...! Den ausgleichenden Kompromiss lieferte dann der Chef nach einem Frühansitz auf dieser Kanzel, als er neue Hörgeräte sein Eigen nannte. Total von dieser Technik überwältigt hatte er das Morgenkonzert der Vögel gehört und dankbar verinnerlicht. „Vogelstimmchen" war geboren. Angemerkt sei, dieser Protestkollege machte sich sehr rar und verzog sich nach und nach aus unserem Kreis.

Der folgende Name ist eng bis sehr eng mit meiner Person verbunden! Wir hatten aus Gründen, die sich eigentlich nur um Minimierung des momentan sehr hohen Wildschadens auf den Wiesen bezogen, eine kleine Lagebesprechung in der Jagdhütte. Zur Verbesserung der Wetter- und Gefühlslage wurde ein hochprozentiges Kirschwasser kredenzt. Anschließend begab man sich zum Wache halten an die Schadensflächen.

Ich wählte aus der Not und in Ermangelung einer passenden Ansitzeinrichtung den bequemen Fahrersitz meines Pkw. Restlos abgedunkelt und mit nur angelehnter Türe wollte ich die Schwarzkittel erwarten, um dann mit Hilfe des Zielstockes einen sicheren Schuss anbringen. Die Betonung liegt auf „wollte"...! Irgendwann des Nachts vernahm ich aus der Ferne Fahrzeuggeräusche und sah dann auch zwei Autos, die sich weiter oben am Waldrand entlang in Richtung Fischteiche bewegten. Nach Jägerart wartete ich erst mal ab... und schaute dann auch mal auf die Uhr!

Meine sachlich, erstaunte Feststellung: Seit Beginn meines Ansitzes waren gut zwei Stunden vergangen, in denen ich wegen Tiefschlafs nichts bemerkte, auch nicht, dass Ellen eine mittelprächtige Sau erlegt hatte. Ich stieß später zu der übrigen Korona und schaute nur in grinsende Gesichter. Der Rest der Sauenrotte hatte in einiger Entfernung und nach dem Knall wieder langsamer, in Schrotschussentfernung, meinen Standort passiert. Fährtenbild und einige frisch umgebrochene Kuhfladen untermauerten die Berichte der

Mitjäger. Das Kirschwasser wurde auch nie wieder aufgefüllt oder ergänzt. Unweit meines Schlafplatzes bekam dort die neue Kanzel den Namen „Friedrichsruh"!

Ach, könnt es Herbst im
ganzen Jahre bleiben!

Der damalige Ortsvorsteher und amtlich bestellter Wildschadenschätzer unseres Vogelsbergdörfchens, bekannt als sehr korrekte, hoch demokratische und dadurch besonders wichtige Persönlichkeit, hatte eine relativ große Wiese, direkt am nördlichen Waldrand zur Alteburg hin. Zur Abwehr des Schadens und zur Beruhigung der Dorfbewohner erstellte ich dort eine hohe Kanzel Typ „Friedel" an die Wegegabelung. Es war ein hervorragender Platz, eigentlich der beste des Reviers. Ein hoher Anteil der Sauenstrecke wurde über viele Jahre alleine hier eingefahren.

Hinter vorgehaltener Hand bekamen wir bei freundschaftlich-informativen und humorvollen Gesprächen am Wegesrand von Dorfbewohnern unter anderem auch mitgeteilt, dass besagter Wiesenbesitzer mit Spitznamen „Willi Wichtig" hieß. Wie wird wohl der Kanzelname ausgefallen sein.

Birkenholzkanzel! ...Schönheit vergeht!

Bei einem gemeinsamen Ansitz auf Sauen saß Christoph an der Nord- und ich an der Ostseite eines großen Maisschlages, jeweils mit gutem Schussfeld. Das spärliche Mondlicht reichte anfangs kaum für einen sicheren Schuss, wurde aber allmählich besser, sodass man noch auf ca. 70 m recht gut ansprechen konnte. Ich saß unmittelbar auf der Grenze gut gedeckt auf einem niedrigen Drückjagdbock mit Blick zur Nachbarjagd. Dies war so abgesprochen, und bei Erlegung einer Sau sollte sie den Nachbarn gehören. Ein Hauptanliegen beider Reviere war doch, Wildschaden abzuwenden ...und wir waren vertrauensvolle Jagdfreunde...! Ich erwartete die Sauen mehr aus östlicher Richtung, wobei sie aber durchaus auch hinter Christoph von Norden her kommen konnten. Wir hatten schwachen Nordwestwind, eigentlich ideal in unserer Situation. Drei Rehe tummelten sich zu meiner Linken recht vertraut an der oberen Maisecke, mal innen, dann wieder außen. Plötzlich sicherten sie in Richtung des oberen Heckenrandes der Nachbarwiese, die ich gut einsehen konnte. Unschlüssig und nervös traten sie aufgeregt hin und her. Dieses Verhalten deutete erst mal auf anwechselnde Sauen hin, nur das übliche Schrecken fehlte mir. Die Rehe stellten sich lautlos in die Deckung des Maisschlages. Einige Minuten kehrte gespenstige Ruhe ein. Ich spürte, etwas tut sich dort oben am Heckensaum mit anschließendem Weg und dann im Hochwald.

Grau in grau bemerkte ich auch dort eine Bewegung, die mich zur FN greifen ließ. Meine mutmaßlichen Sauen reduzierten sich auf ein Stück, welches aber ein völlig anderes Bewegungsbild als Schwarzwild abgab. Es wurde flach und sicherte vermutlich zu der Rehwitterung, robbte einige Meter vorwärts um wieder mit flach gehaltenem Kopf in Downstellung zu gehen ....dann ein paar Fluchten nach vorn und gleich wieder mit dem Gras der Wiese zu verschmel-

zen. Grau in Grau, relativ kurze Rute, gute Schäfer-
hundgröße und ein ausgeprägtes Jagdverhalten ließen
mich auf einen Wolf schließen. Die Waffe blieb na-
türlich unten. Als er in die Nähe der Maisecke ge-
kommen war, wendete er abrupt und ging hochflüch-
tig zurück. Wahrscheinlich kam er in Christophs
Wind. Die Mitjäger zweifelten nicht an meiner Ge-
schichte, denn sie wurde durch Videos, Fotos und an-
dere Wolfssichtungen aus der Region zweifelsfrei be-
legt. Allerdings fand ich am nächsten Tag keine Spur
oder Losung des Grauhundes als Beweis im Gras der
Wiese.

Das Mais war gemäht und an die südliche Flanke
stellte ich eine Kanzel, von der aus die gesamte
Ackerfläche eingesehen werden konnte. Die örtliche
Bezeichnung war schon an den Nachbarhochsitz ver-
geben und wir tüftelten von meinem favorisierten
„Rotkäppchen" über „Wolfsblick" und „Lupus" viele
Namen aus. Schließlich hatte der Chef das letzte Wort
und entschied als großer Spanienkenner auf „El Lo-
bo.

Mein Enkel war gerade mal drei Jahre alt und beglei-
tete mich auf einer **sehr wichtigen Mission** ins Vo-
gelsbergrevier. Wir wollten den Standort eines klei-
nen Ansitzwagens festlegen, der in der Nähe eines
Fichtenaltholzes stehen sollte. Dieses sehr enge Ge-

fährt hatte die Aufgabe, Wechsel von Rot-, Reh- und Schwarzwild einsehbar zu machen. Bei der Inaugenscheinnahme und Diskussion über Örtlichkeit durch die beiden „Waidmänner" und das Abwägen von Windverhältnissen und Angehmöglichkeiten überkam mich ein bekannter, fröstelndes Schuckern auslösender Druck in der Blasengegend.

Im Freien ist das für einen Mann normalerweise kein Problem. Natürlich wollte unser Sprössling dies dem Opa gleichtun und auch im Stehen pieseln. Ruck-Zuck hatte er ausgepackt. Schlimmes ahnend, hatte ich gerade noch Zeit, mich wieder notdürftig zu ordnen und flugs dem Kleinen von hinten zwischen seinen Beinen hindurch die heruntergelassenen Hosen weg zu halten um einen Nässeeintrag in die Klamotten zu verhindern. Es gelang. Aber, wenn es vorne klappt, funktioniert es auch meistens hinten. Ein kurzes, kräftiges Windchen, entwichen aus einem Kinderpopo, streifte Handgelenk und Unterarm des großväterlichen Hosenhaltearms. Grinsend und den Kopf zu mir gedreht, meinte der Naseweis: „Schönen Gruß aus Darmstadt"! Dieser Platz incl. Ansitzwagen hatte seinen Namen weg!

Passend zu unseren Sprösslingen und dem Jagen lasse ich noch eine Schmunzelgeschichte einfließen:

Meine Enkel, mittlerweile im Grundschulalter, sind mit den Gepflogenheiten in einem Jägerhaushalt bestens vertraut. Jagdliches Handwerk ist für sie alltägliche Selbstverständlichkeit. Revierarbeiten,

Kirrungsbeschickung, Ansitz, Aufbrechen und Zerwirken gehören für sie einfach dazu. Sie gehen mit „offenen Augen" durch die Welt, und meistens sind sich beide in grundlegenden Angelegenheiten einig.

Die Großeltern beiderseits incl. der Eltern waren stets bestrebt, möglichst lange den Glauben der Kinder an den Osterhasen, Nikolaus und das Christkind aufrecht zu erhalten, doch gezweifelt darüber wurde aber in den Kinderköpfen schon länger…!

Allerdings, speziell beim Osterhasen, gelang es mir in der Vergangenheit sehr gut mit plausiblen Argumenten die Bande alljährlich davon zu überzeugen, dass besagter Hase in der nahen Bäckerei mit dem Bollerwagen Schokoladeneier und andere, nicht hasenlegbare Naschereien kurz vor Ostern zwecks Osternestbestückung abholt. Da er es immer sehr eilig hatte, war es daher gut möglich, dass in engen Kurven oder auf dem holprigen Weg an der Bahn entlang, den Gesetzen der Fliehkraft folgend, das Eine oder Andere „über Bord" ging! Meine glaubhaft dargebrachte Theorie mit Absuchen der Wegstrecke mündete dann auch oft in süßen Erfolg! Große und freudig-überraschte Kinderaugen machen das Leben lebenswert! Soviel zur Vorgeschichte!

Jetzt, Mitte November, nasskalt und neblig … Ich fahre den Älteren zum Handballtraining. Solche Fahrten bieten sich auch dazu an, irgendwelche angefallenen Probleme in Ruhe zu bereden. So wurde ich nun von ihm gefragt, ob er sich denn mal eine Wildkamera von mir an Weihnachten ausleihen könnte. Neugierig bejahte ich und stellte die Frage nach der Ursache und der Verwendung. „Weißt du Opa, an Heilig Abend, wenn wir bei den anderen Großeltern sind, platziere ich dann unauffällig die Wildkamera so, damit ich endlich beweisen kann, dass Oma das Christkind ist, wenn sie nach einer Ausrede zur Abwesenheit dann die Geschenke im Wohnzimmer unter den Weihnachtsbaum legt!

Wir fertigten eine der letzten Kanzeln auf meinem Zimmerplatz für Kaulstoß. Ich hatte die Örtlichkeit und Ellen die Ausrichtung vorgeschlagen. Der Chef schloss sich den Argumenten an und stimmte damals noch begeistert zu. Es wäre der beste Platz überhaupt, und dieses Blickfeld...! Er hatte Recht, eine Super-kanzel am Superstandort war entstanden. Bei den letzten Feinarbeiten im Kanzelinneren entdeckte ich über dem Thekenbrettchen den Schriftzug „Schatzi" in Damenhandschrift. Der i-Punkt war als Herzchen ausgemalt. Niemand konnte sich erklären, wie, wo und wann er zufällig oder nicht auf dieses Wandbrett gekommen war. Es war auch keine, uns bekannte Handschrift, lediglich einen Verdacht hegte ich, den ich selbstredend für mich behielt. Wahrscheinlich hatte sich wohl irgendwann diese Dame (dem Chef sehr zugewandt) auf dem Zimmerplatz einen Scherz mit uns erlaubt und das Brett als Botschaft beschriftet, als von uns niemand zugegen war. Ich erlebte aber in diesem Revier nicht mehr, dass von „Schatzi" aus, trotz der Superlage, irgend etwas erlegt wurde.

Bei über sechzig Kanzeln wird es irgendwann schwierig mit der Namensgebung. 350 m von Friedrichsruh nach Norden hin an der Abbruchkante zum alten Fahrweg steht ein Grenzstein. Laut topografischer Karte ist dort die Höhe über NN 502 m. Die Kanzel Typ „Friedel" direkt an diesem Platz wurde die „502"!

Nach der Revierübernahme zur Jahrtausendwende stellten wir uns den Nachbarn vor. Bei diesen Treffen werden Vorurteile abgebaut und der eine oder andere Tipp zum Jagdrevier gegeben. Alfred und Walter, die Jagdaufseher von nebenan, luden wir zu einem Bier in unsere Hütte ein. Freundschaftliches Miteinander auf Augenhöhe ohne Grenzneid wuchs daraufhin. Wir tauschten uns aus, und erlegten auch über die Grenze hinaus Sauen und Waschbären auf beiden Seiten, wenn der Schaden die Schmerzgrenze überschritt. Nach einigen Jahren im bestem Auskommen miteinander verstarb Alfred aber ziemlich schnell. Ihm zu Ehren nannten wir die Kanzel in Grenznähe „Alfred Schäfer".

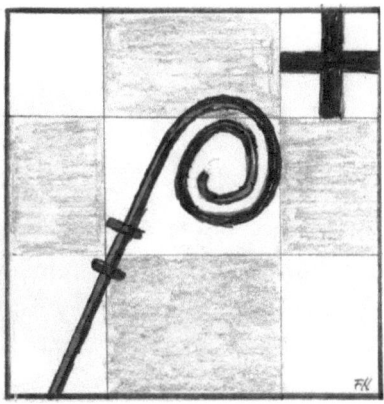

Die Bonifatiusroute verläuft durch unser Revier. Klar, dass die Kanzel dort nach dem Missionar der Germanen benannt wurde.

Ich machte einen Kontrollschuss mit der Hornett in großer Entfernung zum Fichtenhochwald des Staatsforstes. Auf den Bätsch der kleinen Kugel verließen 22 Stück Rotwild die lichte Waldecke und gingen hochflüchtig diagonal über die Wiese hinunter ins Hillersch. Seitdem ist dort Wiese und Wald bei uns das „Hirscheck".

„Märchen"

Wie dieser Name zu diesem Ort zustande kam, ist mir tatsächlich entfallen. Mystisch und märchenhaft schön ist er in jedem Fall! An ungefähr gleicher Stelle stand vorher ein ordinärer „Erdsitz". Er war in das Grünland in gerechtem Abstand vor dem Fichtenhochwald eingebettet, den der Staat bejagte. Zur Linken rechtwinklig dazu lag unser Wildacker mit talwärts abfallender Dickung zum Hillersbach hin. Deckung im Rücken bot ein mächtiger Haselstrauch. Von diesem unbequemen Ding erlegte ich damals etliche Sauen, viele Rehe, Waschbären, zig Füchse und bekam auch immer wieder einmal Rotwild ins Glas.

Unvergessen ist der alte Achter, der während der Brunft mit zornig, vergrastem Geweih, grimmigen Trenzen und testosterongeladen auf kürzeste Entfernung zu mir diesen Platz passierte. Ich hatte ihn frei, schoss aber nicht. Zu ergreifend war der Anblick!

Zwei Mitjäger erboten sich ungefähr zwanzig Jahre danach an diesen Ort eine Art „Winterkanzel" zu stellen. Ich glaubte, sie und ihre Fähigkeiten richtig einschätzen zu können, war gespannt auf das angekündigte Werk und ließ sie gewähren. Ein bequemer Drückjagdbock als Provisorium tat vorläufig gute Dienste.

Im Vorgarten von X entstand dann über Monate ein geräumiger Sechseckbau mit doppelten, wespensicheren Klappfenstern, innen isolierten, teppichverkleideten Wänden und mit einem Walmdach obendrauf. Gegen Witterungseinflüsse waren die Spanplatten des Objektes außen mit Pappschindeln verkleidet. Natürlich protestierte alles in mir, hatten die Herren eigentlich nur teuren Sondermüll produziert und das fragwürdige Endergebnis stand in keinem Verhältnis zur Verwendung. Die dafür aufgewendeten Arbeitsstunden und Kosten hätten dem Revier in anderer Form sehr gut getan. Ich hüllte mich aber skeptisch-neugierig-abwartend in Schweigen...!

Aufgrund der Größe und des enormen Gewichtes konnte das fertig montierte Kanzeloberteil nur mittels eines Staplers auf den entsprechend ausgelegten Anhänger mit Überbreite verladen werden. Den abenteu-

179

erlichen Transport in den Vogelsberg musste ich mit meinem alten Forester übernehmen, da die modernen SUV´s der Erbauer dieser Aufgabe anscheinend nicht gewachsen, offensichtlich aber zu schade waren. Am auserkorenen Standort angekommen hängte ich nur ab, hatte ich doch, wie vorher angekündigt, einen anderen, unaufschiebbaren Termin ...!

Ein Bauer des Dorfes sollte mit dem Frontlader das Unikum aufsetzen. Glücklicherweise hatten die Erbauer wenigstens im Vorfeld auf mich gehört und das Untergestell in Heckennähe gestellt. Der Blick auf diese Konstruktion sagte dem Zimmermann aber: Das kann und wird nicht gut gehen....! Ich verkniff mir aber auch, diesen Einwand vorzubringen. Zu oberlehrerhaft wäre er angekommen! ....und ich war dann mal weg!

Tatsächlich krachte wahrscheinlich aufgrund eines „Bedienfehlers" des Traktoranten beim Aufsetzen der schweren Kanzelkabine die gesamte Malefitz unterhalb zusammen und alles lag auf einem Haufen, wie ich anderntags unter Kopfkratzen feststellte. Schadenfreude! ... wer denkt denn so was? Alles war gut, es wurde ja Gott sei Dank niemand verletzt. Nach einigen Wochen angestrengter Reparatur stand dann die Kiste als Erdsitz am Wiesenrand. Wenn dann die Vogelsbergnebel diesen Platz mystisch umhüllen, ist es dort wirklich „märchenhaft".

...eine Ansitzeinrichtung haben die Herren in der Zeit meiner dortigen Jagdaufsicht nicht wieder gebaut...!

Im Herbst (des Lebens) werden die Tage kürzer!

Jürgen-Dach-Kanzel

Zu einer traditionellen Bewegungsjagd wurde ich von guten Jagdfreunden wieder einmal in die „alte Heimat", den Vogelsberg eingeladen. Regen, Nebel und Sauwetter verhießen nichts Gutes. Trotzdem wurde ich von einem einstigen Jungjäger, der sich mittlerweile in diesem Revier etabliert hatte, mit den Worten: „Die Legende lebt tatsächlich noch!" freudestrahlend begrüßt. Nach dem herzlich-üblichen Plausch unter Gleichgesinnten ging es dann ans Jagen.

Mein zugewiesener Stand hatte den, für mich etwas befremdlich klingenden Namen „Jürgen-Dach-Kanzel". Über eine verwachsene Rückegasse sah ich dann einen Hochsitz antik-schroffer Bauart, den ich auch nicht aus vorangegangenen Jahren kannte. Ebenfalls an ihn lehnte gut versteckt eine abenteuerlich anmutende Leiter, die allerdings sehr stabil ausgefallen war. Vorsichtig gewann ich an Höhe. Die acht Sprossen waren im großen Abstand, nass, rund und demzufolge auch aalglatt. Ähnlich gestaltete sich der Kanzelboden. Die Sitzbohle lag glücklicherweise lose auf, und ich konnte die nasse Seite nach unten drehen. Einen Sitzfilz hatte ich vorsorglich auch am

Rucksack. Aber insgesamt war die Sitzgelegenheit sehr stark zur rechten Seite hin geneigt. So stellte ich nach längerem Stillsitzen und Lauschen doch fest, dass ich eine Wirbelsäule habe. Allen Drückjagdregeln zum Trotz hebelte ich jetzt den Auflageklappriegel ab und legte ihn rechts unter die Bank. Die Waagrechte war nun wenigstens einigermaßen hergestellt. Lediglich das Dach war augenscheinlich etwas zu klein geraten. Es tropfte mir ab und an ganz schön auf den Rücken…!

Diese Kanzel wurde wahrscheinlich erstellt, als hier noch Jungwald, bzw. Neuanpflanzung waren. Von hier konnte man gerade nach vorne und rechts knappes aber ausreichendes Schussfeld einsehen. Auch waren die vorderen Dachpfosten für diese Jagdart störend. In Anblick kamen während des Treibens lediglich ein Terrier und ein Wachtelhund. Beide waren aber nur auf der Durchreise. Mit blankem Lauf traf ich nach dem Ende am Treffpunkt ein. Die Strecke war erwartungsgemäß eher mager. Aber man hatte sich wieder einmal gesehen, und alles war gut. Diverse Helfereinsätze folgten auch im kommenden Jagdjahr.

So kam auch wieder der Buß- und Bettag, an dem diese Jagd schon seit Jahrzehnten unter Beteiligung der Nachbarreviere stattfand. Komischerweise - und ich unterstelle keinesfalls Hintergedanken - wurde dem Zimmermann wieder Jürgen-Dach zugewiesen, jetzt aber mit dem Hinweis, dass dort schon immer etwas erlegt wurde. Ich war guter Hoffnung, da selbst das Wetter einigermaßen mitspielte. Auch wurde mir vorher im Gespräch eröffnet, dass ein Jungjäger damals dieses „Schmuckstück" als sein erstes jagdliches Bauwerk errichtet hatte. Offensichtlich hatte er aber bei der Festlegung und Weitergabe der Dachmaße den falschen Zollstock dabei. Darum lag das Dachblech zwischen den Holmen. Der Name „Jürgen-Dach-Kanzel" war somit gutmütig gefrotzeltes Faktum.

Wieder am Standort eingetroffen, stellte ich fest, dass sich hier zum Vorjahr kaum etwas verändert hatte. Lediglich weiter vorne befand sich nun eine Salzlecke, die auch gut angenommen war. Der Auflagenriegel lag noch unter der Sitzbohle, so wie ich ihn im vergangenen Jahr hingelegt und den Platz verlassen hatte. Entspannt konnte ich dann an der Stocksulze einen guten Jährling pardonieren. Gegen Ende des Treibens brachen rechts neben mir Sauen durch, nicht weit, aber durch Gehölz derart gedeckt, dass an einen Schuss nicht zu denken war. So kam ich auch diesmal wieder als „Schneider" zum Streckenplatz an der „Eierkurve". Dort verbliesen wir zwei Rehe und ein mittelprächtiges Keilerchen.

Im kommenden Sommer wurde u.a. auch die Planung zur Drückjagd angesprochen. Dabei äußerte ich den Wunsch, meinen „Stammplatz" etwas aufhübschen zu dürfen. Selbstredend wurde dem Ansinnen freudig stattgegeben. Ich legte in Absprache mit dem Beständer einen gering veränderten Standort mit neuem Hochsitz fest. Hier konnte ich mit relativ wenig Aufwand die Schussschneisen rechts, vorne und links freischneiden. Auf meinem Zimmerplatz fertigte ich dann das Untergestell der drückjagdtauglichen Kanzel und transportierte es mit dem PKW-Anhänger vor Ort. Beim Freihacken und Planieren der Fundamentplatten mit anschließendem Ausrichten der Kanzel störte ich aber unbeabsichtigt ein bewohntes Erdwespennest. Vier schmerzhafte Stiche veranlassten mich zum sofortigen Feierabend mit eiligem Nachhauseweg. Die Befürchtungen wegen einer allergischen Reaktion bewahrheiteten sich glücklicherweise nicht. Einige Tage später setzte ich dann das Oberteil Typ „Friedel" auf, brachte die Leiter an und verankerte sturmsicher mit Winkeleisen. Ein neuer Salzstein wurde auf den Stumpf gesetzt, noch ein paar störende Äste zum besseren Blick in dem Bestand entfernt und beim späteren Probesitzen ein Waschbär erlegt. Jetzt konnte die Hillerschjagd kommen.

Der Ablauf war mittlerweile Routine und ich saß verabredungsgemäß auf Jürgen-Dach, jetzt aber rundum zufrieden und entspannt. Strahlende Sonne, passender Wind und meine weise Vorausschau bezüglich des Ausastens bescherten mir eine alte Geiß. Lange vor dem Schuss drückte sie sich heimlich vor mir im Jungwald. Sie war offensichtlich alleine und gab mir endlich auf der linken Schneise das Blatt frei. Im Knall war sofort Ruhe. Ich zog sie anschließend zum Sitz und lüftete sie. Zufrieden genehmigte ich mir ein belegtes Brot und eine Tasse Kaffee. Fuchs und Waschbär waren später unerreichbar für meine Kugel. Ihre Erdenzeit dauerte wohl noch.

Geraume Zeit danach hörte ich Wild hinter mir und machte mich leise fertig. Sau oder Fuchs, gespanntes Warten…! Auf die rechte Schneise trat vorsichtig ein Schmalreh. Doch zügig querte es diese und verhoffte wieder halb gedeckt im Bestand nebenan. Natürlich stand das Absehen längst hinter dem Blatt. Jetzt sah ich aber über dem Rotpunkt auch einen fremdartigen, hellen Fleck. Ich setzte erschrocken ab. Dieses Fleckchen zwischen den Ästen entpuppte sich als die Windschutzscheibe meines entfernt geparkten Autos…! Wieder mal Glück gehabt!

Das Reh hatte ich gedanklich schon abgeschrieben, als es urplötzlich doch neben der Sulze stand. Mein Schuss saß nicht so wie gewollt, sondern unglücklich etwas weiter hinten und weich...? Abfangen und ebenfalls lüften war eine Sache weniger Minuten. Wir verbliesen am Ende sieben Rehe, zwei Sauen und einen Fuchs.

Nur der Jäger Unverdrossen
hat so manches Stück geschossen!

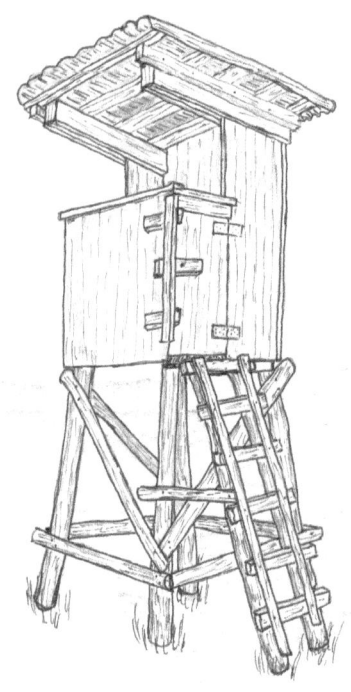

Drückjagdtauglich

17. Ernst

Eigentlich muss ich wieder bis ins vergangene Jahrhundert ausholen, um diesen Sachverhalt einigermaßen zu erläutern.

Als junger Fachlehrer Bautechnik versah ich meinen Dienst an einer Frankfurter Berufsschule. Zu meinem

Schülerklientel gehörten neben den Bauklassen, der Berufsfachschule und Landschaftsgärtnerklassen auch die Fachoberschule Bautechnik mit einem halbjährigem Praktikum an unserer Lehrbaustelle. Im urban geprägten Umfeld der Großstadt gab es aber immer wieder Schülerinnen und Schüler, die ich für das Bauen generell begeistern konnte.

So auch Ina, Tochter eines bundesweit anerkannten Bauingenieurs und Gutachters in Sachen Bautenschutz. Sie zeigte in der FOS vom ersten Schultag an, dass Bauen ihr Lebensinhalt werden könnte. Sie war zwar nicht alle Tage gewachsen, wie man so schön sagt, aber dennoch sehr resolut und selbstbewusst. Dazu kam eine überdurchschnittliche Intelligenz. Ärmel hochkrempeln und Machen, war ihr Ding.

Nach einem schulinternen Infoabend sprachen mich ihre Eltern auf den geplanten Neubau ihres Wohnhauses mit angegliederten Büroräumen an. Da ich im Nebengewerbe auch eine kleine Zimmerei betrieb, konnte ich die Zusage für die Errichtung des Dachstuhles geben und bekam auch im relativ weit gesteckten Zeitrahmen vertrauensvoll den Zuschlag.

Bei der ersten Inaugenscheinnahme und Begehung des großen Bauplatzes, eigentlich ein Waldgrundstück, das mit der Rückseite an die Taunuswälder grenzte, wurden drei Rehe hoch. Natürlich speichert dies ein Jäger in einer grünen Ecke des Gehirns ab. Auch sollte ich das Fällen der Lärchen und Fichten vor Ort übernehmen. Dabei stellte ich erneut viel

Wildbewegung auf dem großen Areal fest. Mit Hilfe meines Traktors, Seilen, Umlenkrollen und einigen Helfern ging das Abräumen des Holzes auch recht gut vonstatten. Nach Abschluss dieses Vorabauftrages konnte die Baufirma mit den Schacht-, Erd- und Rohbauarbeiten beginnen. Im besten Einvernehmen konnte nach dem Aufsetzen des Dachgebälks dann auch in Ruhe Richtfest gefeiert werden. Diverse Gewerke in Sachen Schall- und Wärmeschutz als Forschungsobjekt liefen Hand in Hand mit der Bauherrschaft, teils auch als Eigenversuch. Der Einzug der Familie ins neue Heim und die damit einhergehende Einzugsparty rückte näher. Für mich als dazu geladener Gast warf sich nun die Frage auf: „Was nimmste denn als Einzugsgeschenk mit, die haben doch schon alles…?!"

Spontan fielen mir jetzt wieder die Rehe ein….! Rehe durchs Fenster des angebauten Sechseck-Esszimmers unweit im Wald beobachten, ...beim Mittagessen…! Großartig, ein Stück Heimat wäre das vielleicht…!? Also Zimmermann, baue diesen Leuten einen <u>Futterkasten</u>, stelle ihn in den angrenzenden Wald und liefere wenigstens für dieses Jahr auch etwas Wildfutter für die kommenden Winterwochen mit, so sagte ich zu mir.

In dem erlauchten Kreis der geladenen Gäste wurde mein „Geschenk" dann eher mit ungläubigen Stirnrunzeln zur Kenntnis genommen. Auch die Bauherrschaft war höflich-skeptisch-verhalten.

Futterkasten

Es war eine gelungene Feier, und tags darauf kam
dann der klärende Anruf mit der Frage nach Handha-
bung und Zweck dieser Kiste. Mein Vorschlag, den
Kasten sichtbar wenige Meter in den angrenzenden
Wald zu stellen, fand auch sofortige, wenngleich
auch ungläubige Zustimmung. Das Wildfutter be-
stand überwiegend aus Melasse mit gequetschtem
Hafer und verströmte einen, für das Wild, betörenden
Geruch. Bereits nach wenigen Tagen kamen zaghaft
die ersten Rehe. Dies war schon eine Sensation, zu-
mal sie, wie erhofft, bei den Mahlzeiten vom Esstisch
aus bei Tageslicht beobachtet werden konnten. Auf-
richtiger Dank seitens der Familie an mich mündete
in eine gute Freundschaft. Außer den Rehen kamen
etwas später auch Wildschweine und sogar Rotwild
dazu.

Natürlich reichte dann dieser eine Futterkasten nicht
mehr aus. Ein zweiter musste her. Für die Hirsche

189

waren sie aber zu klein. Schnell fertigte ich auch noch für die „Großen" einen längeren Trog aus Bohlen, der selbstverständlich überdacht war. Für die Sauen wurde etwas Mais ausgestreut oder eingebuddelt. Insgesamt wurde die Fütterung auch tagsüber sehr gut angenommen, denn in dieser Waldecke herrschte Ruhe und Burgfrieden.

Eine Gartenhütte am Zaun zum Wald hin diente zur Aufbewahrung diverser Gerätschaften, aber auch der blauen, mäusesicheren Futtertonne. Eine Öffnung zum Durchstecken eines Objektives war natürlich ebenfalls in der Rückwand. Es gelangen dadurch viele Aufnahmen der verschiedensten Wildarten, die sich dort ein Stelldichein gaben. Auch Abwurfstangen aller Alters- und Stärkeklassen fanden sich in unmittelbarer Nähe der Fütterung.

Natürlich blieb das den örtlichen Jägern nicht verborgen, zumal auch ein guter Zukunftshirsch mit Namen „Ernst" ständiger Gast an der Fütterung war. Ich vermute, dass auch einiges Wild auf dem Wechsel dorthin erlegt werden konnte. Darüber schwieg ich mich allerdings den Anrainern gegenüber aus, hoffte aber insgeheim doch auf eine Jagdeinladung des hochrangigen Politikers und Revierinhabers. Schließlich hatte er mir doch einiges an gemachter Strecke zu verdanken! Mein Hoffen war vergeblich, auch egal, es war ja nur ein Gedanke - so nebenbei.

Es vergingen einige Jahre, in deren Verlauf „Ernst" hin und wieder sogar den rückwärtigen Zaun überfiel, um sich in kürzester Entfernung zum Esseckenfenster am Futterhäuschen der Garten- und Waldvögel gütlich zu tun. Man stelle sich vor, beim Löffeln seiner Suppe blickt man unvermittelt direkt, nur durch das Fensterglas getrennt, in die Lichter eines braven Taunushirsches und wünscht sich „Guten Appetit"! … Fotos beweisen es!

Eines Tages bekam ich einen Anruf der Chefin des Anwesens, dass sich „Ernst" im Drahtgeflecht eines entfernten Nachbargartens restlos verfangen und sich derart schwer verletzt hätte, dass ihn der hiesige Jagdaufseher nur noch erlösen konnte…!

Leider zerbrach die Freundschaft zu dieser Familie an einem einzigen Wort, welches mir gegenüber mehrfach gebraucht wurde und in mir heftige Zweifel in Unkenntnis seines Sinnes auslöste. Heute weiß ich um die positive Bedeutung dieses Wortes, welches dem Laut nach eng mit meinem Namen verbunden ist.

Zwei Passstangen des mittelalten Ernstes, damals ungerader Vierzehnender, setzte ich irgendwann auf einen Kunstschädel auf. Sie schmücken zuhause meinen Treppenaufgang.

Anlässlich meiner „Hubertusrede 23" hatte ich dieses Geweih noch mit einem Kreuz aus Birkenholz versehen und vor dem Altar unsrer Kirche bruchgeschmückt platziert.

18. Jagdgenossenschaften

Ich denke, dass aufgrund des folgenden Beitrages eine kurze Erklärung nichts schaden kann:

„Genosse" ist ein uralter Begriff im deutsch-sprachlichen Raum für „Gleichgesinnte", lange bevor er in der Politik Einzug gehalten hat.
Jagdgenossenschaften sind eine Körperschaft des öffentlichen Rechts. Sie entstehen kraft Gesetzes (§ 9 BjagdG), ohne dass es eines Beschlusses oder eines anderen Aktes bedarf. Mitglieder, sogenannte Jagdgenossen, sind die <u>Eigentümer</u> der Flächen einer Gemeinde, die zu einem gemeinschaftlichen Jagdbezirk gehören und auf deren Flächen die Jagd ausgeübt werden darf.

So ziemlich die erste Begegnung mit unserer Jagdgenossenschaft, außer gelesenen Gesetzestexten, hatte ich, wenn ich mich recht erinnere, Mitte der Sechziger vergangenen Jahrhunderts im Saal eines unsrer Dorfgasthäuser. Damals wurde mir geraten, interessehalber einfach mal zur Genossenschaftsversammlung zu gehen und ggfls. für das bestehende Pachtverhältnis zu stimmen, sofern ich Stimmrecht hätte. Dies war fraglich, denn es wurde mir von Opa für seine, und von Papa aufgrund unsrer Liegenschaften nur mündlich übertragen, und ich war eigentlich zu jung und (noch) kein Grundeigentümer, sprich Jagdgenosse!

Die Berichte und Debatten hörte ich mir interessiert an, und natürlich stellte ich informative Fragen an die Versammlungsleitung. Rundum wurde aufgeworfen. Als ich unbequem wurde, fiel sogar unter anderem das Wort „Rotzlöffel" und der Anraunzer, was ich denn überhaupt hier wollte!? Auch war klar, dass damals nicht in meinem heroischen Sinn (Flurbereinigung, Feldgehölze, Windschutz) neu verpachtet wurde und ich mir eine prägende Lektion in „Demokratie" verinnerlichen musste! Allmählich wurde mir damals so langsam klar, Demokratie hat auch viel mit Macht und Geld zu tun...!

So war ich in meinem Geburts- und Wohnort, wie an anderer Stelle schon mal angesprochen, eigentlich nur ein Störenfried und Klugscheißer. Ein Jagen in der Heimatgemeinde war deshalb, auch später als alteingesessener Jagdgenosse, bis heute, ausgenommen ein kurze Gastspiele, so gut wie nicht möglich.

Erneut warf sich jetzt aber wieder einmal für mich die Frage auf, wohin die hiesige Jagdpacht eigentlich fließt, denn die Gemeinde verwaltet schon einige Jahrzehnte die Jagdgenossenschaftskasse ...zum Allgemeinwohl ...!? Meine Recherche ergab, dass wir sehr wahrscheinlich die einzige Jagdgenossenschaft zumindest hessenweit sind, die derart „großzügig" mit ihrem Erlös umgeht!

2023 stellte ich darum erneut den Antrag, eine Satzungsänderung durchzuführen. Dem wurde auch zugestimmt, als ich der Versammlung die fiktive Zahl von 200.000,- € nannte, die in den letzten fünfzig Jahren den Jagdgenossen durch die „Lappen" gingen.

Natürlich wurde ich darauf hin auch beauftragt, eine neue Satzung aufzustellen. Dies geschah im Frühjahr 2024 in enger Anlehnung an die Mustersatzung der Unteren Jagdbehörde als vorgesetzte Instanz.
Im Vorfeld kam ich aber auch mit einigen Jagdgenossen über diese Thematik ins Gespräch.

Einige Zitate hieraus:

„….wer soll denn diese Arbeit übernehmen?"
(Amt des Rechners)

„….ich würde mir ja ins eigene Fleisch schneiden!"
(vielsagender Spruch eines Kommunalpolitikers)

„….da hätten die Bauern doch überhaupt keine Rechte mehr!"

„….auch noch Kassenprüfer!!?"

„…. ach, lass doch alles so, wie es ist!" (… resignierendes Ausatmen mit gesenktem Kopf!)

„….endlich mal einer, der der Katze die Schelle umhängt!" (vergnügtes Händereiben)

„… so, das wusste ich doch noch gar nicht!"

„… was haben sich die „Alten" dabei nur gedacht?"

„… wie kann man nur …!"

„… Jagdgenossenschaft? Was ist das?"

„… kitzel doch mal das Dornröschen!" (:-)

In der Sitzung 2024 legte ich dann einige Vollmachten zu diesem Thema von Genossen vor, deren Vertrauen mich sehr ehrt. Dadurch und der vorsichtige Hinweis auf Lethargie rüttelte dann einige in der Versammlung wach. Die kurze Rüge darauf steckte ich einfach weg!

Mein verlesener Antrag auf Satzungsänderung lautete wie folgt:

Sehr geehrte Damen und Herren!

In der JHV unserer Jagdgenossenschaft 2023 wurde ich gebeten, die veraltete Satzung neu zu überarbeiten. Dies ist in enger Anlehnung an die Mustersatzung der vorgesetzten Behörde geschehen. Lediglich den Posten des Vorstandes habe ich aufgrund eigener positiver Erfahrungen in meinem Entwurf als Doppelspitze empfohlen. Diese Änderung bewirkt eine angepasstere Aufgabenverteilung und Kontrolle.

Als weitere Änderung zur alten Satzung wird nun die Kasse in Eigenregie der Jagdgenossenschaft geführt. Mithin wären dann ab 1. April 202? zwei Vorsitzende, ein Kassenwart, ein Schriftführer und ein, ggfls. drei Beisitzer im Vorstand.

<u>Warum strebe ich diese Änderung an?</u>

Der Jagdpachterlös steht einzig den Jagdgenossen zu. Dieses verbriefte Recht haben wir seit 1848!

Landwirte, Jagdgenossen, Forst, Jäger und Naturschutz könnten sehr viel gemeinsam bewirken, indem <u>wir</u>, und ich sage bewusst <u>wir</u>, auf unsere Probleme, Aufgaben und Gewerke aufmerksam machen. Eine vielfältige Plattform dafür ist u.a. die Jagdgenossenschaft. Eine gute Zusammenarbeit sollte nicht auch zuletzt im Hinblick auf Umweltschutz und Allgemeinwohl angestrebt werden.

Des Weiteren könnten Gelder in Absprache mit den nahe stehenden Vereinen und Institutionen (Naturschutz, Jäger, Landwirte, etc.) für gemeinnützige Projekte und Aufgaben genutzt werden. Ich denke hier zum Beispiel an Renaturierung von Wald-, Wasser- und Wiesenflächen, kleinere unbürokratische Wegreparaturen und Instandsetzungen, Anlegen, Bezuschussung, Pflege und/mit Erhaltung von Streuobstwiesen und besonderer Lebensräume wie Flachwasserteiche, Blühstreifen, Hamsterfelder, Lerchenfenster, etc., in unserer Region. Diese Liste wäre endlos fortzuführen, auch in Sachen Öffentlichkeitsarbeit für unsere Anliegen. Ich halte diese Änderung für einen Akt demokratischen und bürgernahen Zusammenlebens außerhalb politischen Denkens in unserer Kommune, welcher uns wieder näher zusammenbringen würde im Hinblick auf gemeinsame Ziele und dringliche Lösungen.

Mein Vorschlag zur künftigen Verwendung der Jagdpacht:

Wir sollten zuerst einen kleinen fünfstelligen Euro-Betrag als Grundstock erwirtschaften, d.h. es erfolgen keine Auszahlungen, vorerst auch nicht an die Gemeinde, denn in den letzten fünfzig Jahren war sie der Hauptnutznießer der Jagdpacht. Ist dieser Grundstock erreicht, kann je nach Sachlage oder Bedürfnis, natürlich auch seitens der Gemeinde, über schriftliche Anträge an die Jagdgenossenschaft zur Nutzung entschieden werden. Diese Anträge können im Laufe eines Jahres zu einem bestimmten Stichtag (Vorschlag: 01.03.) gesammelt werden. Der Vorstand sichtet, bewertet und schlägt sie der Versammlung vor. Allerdings obliegt die Entscheidungsbefugnis und -gewalt einzig und allein mehrheitlich der Jagdgenossenschaftsversammlung.

Ich darf Sie bitten, diesem zukunftsweisenden Vorschlag zuzustimmen.

Friedrich Nickel, Juni 2024

Die Beschlussfassung wurde auf unbestimmte Zeit vertagt und eine Entscheidung lag bei der Auftragserteilung zum Druck dieses Buches noch nicht vor.

Ich kann aber immer noch nicht nachvollziehen, das heißt, es geht mir nicht in die Birne, dass die ganzen Jahre über das Jagdgenossenschaftsvermögen einfach in z.B. in einen Rettungsschirm, Gemeindekasse oder den (vorgeschobenen) Feldwegebau gesteckt wurde. Bei den heutigen Baupreisen ergibt der Pachterlös eines Jahres geschätzte **3 m** erneuerten Feldweg!

….es wurde aber auch einmal ein Mulchgerät angeschafft...!

In einem Vogelsbergrevier war ich vor einigen Jahren des öfteren Gastjäger. Nach der glücklichen Erlegung einiger Sauen und mit dem einhergehenden Bekanntheitsgrad wurde ich dann irgendwann bestätigter Jagdaufseher in diesem Revier. Auch aufgrund privater und verwandtschaftlicher Kontakte kannte ich die Sprache der ländlichen Bevölkerung und wusste um ihre Nöte, nicht nur in Sachen Wildschaden.

Nach einigen Jahren im besten Einvernehmen eskalierte aufgrund von Neid, Mobbing, Hemdsärmeligkeit und Besserwisserei mein Verhältnis zur bestehenden Jagdherrschaft und ich kündigte meine Anstellung. Viele Fragen zu meiner Ex-Jagdherrschaft wurden nun von den Genossen an mich gestellt...! Insgesamt wuchsen Skepsis und Sorge der Dorfbewohner, die Jagd betreffend. Der Jagdbetrieb wurde von irgendwelchen dubiosen und zahlenden Gestalten ohne näheren Kontakt zu den Genossenschaftsmitgliedern mehr schlecht als recht aufrechterhalten. Der Wildschaden wurde fünfstellig. Die Jagdherrschaft glänzte ständig durch Abwesenheit und Ausreden und schlich sich endlich aus dem Pachtverhältnis, indem man fieserweise keinen Jagdschein mehr löste.

Der nun eilends daraufhin eingesetzte Jäger schoss, was die Rohre hergaben und verteilte das Wildbret an die Jagdgenossen. Irgendwann waren die Gefriertruhen der Dorfbewohner voll ...!
Ein neuer Pächter betrat den Plan und ließ sich zu Anfang auch gut an. Nach sechsjähriger Pachtdauer

und unbeschwerten Jagens in einem Hochwildrevier, einsackens kapitaler Trophäen mit lukrativen Vermarkten des Wildbrets verklagte dann dieser hinterhältige Advokat die Jagdgenossenschaft wegen eines Formfehlers im Pachtvertrag, den er aber vorsorglich und wissentlich (meine Recherche) im Vorfeld verschwiegen hatte. Vorgeschobene Ursache waren Unstimmigkeiten wegen überhöhten Wildschadensforderungen. Resultat der jahrelangen Gerichtsverhandlungen und des juristischen Geplänkels in dieser Sache, auch aufgrund mangelhafter Sachkenntnis der Gerichtsbarkeit, war die Rückzahlung der Pacht und diverser anderer, ins Feld geführter Auslagen.

Insgesamt mussten ... knapp **dreißigtausend** Euro! ... zurückerstattet werden! Meine Nachforschungen ergaben, dass dieser Rechtsverdreher selbiges schon mit zwei weiteren Jagdgenossenschaften Jahre vorher erfolglos probiert hatte. Seine diesbezüglich negativen Erfahrungen nutzte er nun schamlos aus, um die Genossen - in seinen Augen einfältige Vogelsbergbäuerchen - gnadenlos „über den Tisch" zu ziehen.

Zweifellos hat er mit diesem fiesen Verhalten einem ganzen Dörfchen den Glauben an Recht und Gesetz zumindest mächtig erschüttert. Dieser Jurist hat in meinen Augen und mit meinem, vielleicht laienhaften Rechtsempfinden sechs Jahre gewildert, zumindest aber unrechtmäßig und kostenlos gejagt. Strafe dafür...? Null! - Justitia hatte wahrscheinlich die Augenbinde abgenommen...!

Vor Gericht und auf hoher See
ist man in Gottes Hand!

In einem weiteren Revier, in dem ich helfender Gast-
jäger war, wurde ganz deutlich, dass ein „Händeauf-
halten" seitens des Jagdvorstandes zur Nichtverlänge-
rung des Jahrzehnte währenden Vertrauensverhältnis-
ses führte, auch aus Desinteresse der einzelnen Jagd-
genossen. Angemerkt sei, dass dieser „Rausschmiss"
im Nachhinein meinem Jagdfreund viel Ärger erspar-
te, denn es kam ein Vielfaches an Wildschadensforde-
rungen in den Folgejahren dazu.

In einem anderen Fall wollte ein befreundeter Revierinhaber wegen seines fortgeschrittenen Alters den bestehenden Vertrag nur um fünf Jahre verlängern. Anmerkung: Das Pachtverhältnis dauerte schon über dreißig Jahre in vertrauensvoller Zusammenarbeit...! Zu diesem Zeitpunkt bejagten noch zwei Personen und gelegentliche Gäste mit dem alten Pächter dieses wunderschöne und vielfältige Revier. Einen dieser Jäger kannte ich bereits aus vorangegangenen Jahren. Damals ging es um einen Autounfall, zu dem er als Knallzeuge dubiose Angaben zum Sachverhalt machte. Dieser Herr, vor Geld stinkend, witterte seine Chance, auch an ein eigenes Revier zu kommen. Vitamin B und eine lukrative Geschäftsbeziehung zu dem Hauptwortführer der Jagdgenossen ebnete den Weg. Er bewarb sich kurzerhand auf diesen Jagdbogen und wollte den Bestänter, der ihm viele Jahre freie Büchse gewährte, gnadenlos abservieren. Im nunmehr auslaufenden Pachtvertrag war aber schon festgelegt, dass er die Nachfolge und Teilhabe antreten würde. Es bestand also keine Not, irgend jemanden hinterhältig über den Tisch zu ziehen. Geschäfte und Habgier, gepaart mit Hinterfotzigkeit und Futterneid auch einzelner Genossenschaftsvorstandsmitgliedern standen da wohl im Vordergrund.

Fazit: Das Revier wurde in vier Teile zerschlagen, Grenzen mutwillig und ohne Sachverstand gezogen. Die untere Jagdbehörde als Genehmigungsinstanz und verschiedene Naturschutzverbände machten ebenfalls keine gute Figur in dieser Angelegenheit.

Ein Biobauer als Pächter der großen Flächen konnte einfach und mit Wissen und Duldung des „Naturschutzes" radikal Hecken entfernen. Der Neuling jagt in seinem Part dort nur sporadisch, so wie es die Geschäfte zulassen und ausschließlich mit Nachtsicht.

Auch die Gemeindegremien hielten zu alledem ....die Füße still!

Abschließend: In den meisten Jagdgenossenschaften die ich näher kenne, herrscht große Einmütigkeit, speziell auch im Gemeinsinn. Große Spendierfreudigkeit zum Gemeinwohl und in „speziellen Sachen" verschiedenster Natur, die einen langen Verwaltungsakt bedürfen, kann unbürokratisch rasche Abhilfe geschaffen werden. Die Geselligkeit im „Dorfgeschehen" bekommt einen ungeahnten Auftrieb und man (frau) begegnet sich jenseits politischer Auffassung und Anschauung auf Augenhöhe. In diesem Sinne haben nicht selten die Jäger eines gemeinschaftlichen Jagdbezirkes mit den Jagdgenossen zu den verschiedensten Anlässen Wildgulasch, Wildbratwürste, Wildburger und Wildfleischkäsebrötchen kredenzt. Auch sind bei solchen Anlässen in lockerer Atmosphäre Diskrepanzen einfacher zu lösen.

19. Hexe

Nachdem Ricke in die ewigen Jagdgründe gegangen war, wurde es still in unserer Wohnung. Otti, unser DD, war Nachfolgerin des legendären Gustav, konnte seine Stellung aber nie so richtig einnehmen. Auch war sie labil und gesundheitlich nicht besonders auf der Höhe. Allerdings war Stöbern und Leiterklettern ihre Leidenschaft. Überall kam sie hinauf, runter musste sie aber dann getragen werden. Und einsam war sie ...!

So saßen meine Frau, meine Tochter und ich an einem Karfreitag beim Mittagessen am Küchentisch. Eine der beiden Damen, wer weiß ich nicht mehr, legte das Besteck beiseite und meinte etwas wehmütig: „Wir brauchen hier wieder einen Terrier!" Jetzt war endlich ausgesprochen, was uns doch stillschweigend bedrückte, mich sowieso, denn hundliches Groß und Klein war ich gewohnt und es wurde auch gebraucht.

Noch am gleichen Tag kontaktierte ich Harald, der mit Michel zusammen einen guten Jagdterrier-Zwinger hatte. Aus ihrem nächsten Wurf sollte ich mir einen Welpen aussuchen. Meine Wahl fiel dann auf „Guste vom Limeshain", wollte aber den Rufnamen ändern, derweil Oma und Patentante Auguste hießen.

Wir entschieden uns für „Hexe" und mit acht Wochen zog sie bei uns ein. Von Beginn an war sie mein Hund, allerdings auch eine kleine Giftnudel.

In der ersten Woche, in der sie bei uns war, zog ich ein Reh durch den Hof in die Wildkammer. Danach nahm ich Klein-Hexe auf den Arm und setzte sie probehalber auf die unbeabsichtigt gelegte Schleppe. Der Stummel am Hinterteil des Welpen wackelte heftig, die Nase war unten und erst langsam sich korrigierend, dann aber exakt hielt die kleine Dame die Duftspur zum Reh und fuhr ihm heftig in die Decke. Das war schon mal sehr gut und sollte vorausschauend der Beginn vieler Jagderlebnisse und erfolgreicher Nachsuchen sein.

Systematisch bereitete ich sie neben dem alltäglichen Jagen und Draußen sein auf die Zuchtprüfung vor. Dazu musste ich hunderte Kilometer fahren, um sie an Kunstbauen in Thüringen und Bayern einzuarbeiten. In Hessen war diese „Tierquälerei" dank vieler urbaner „Grüne" damals nicht möglich! Am Fuchs war sie gut und anhaltend laut und bedrängte ihn hart. Aber der Hasenmangel hier in der Gegend hatte zur Folge, dass der Spurlaut kaum trainiert werden konnte. So fuhr ich mit gemischten Gefühlen zur Zuchtprüfung nach Wabern. Die Vorstellung verlief erst mal sehr gut. Appell, Wasser, Führigkeit, Kunstbau und Schussfestigkeit absolvierte sie mit Bravur. Dann kam der erste Hase für Hexe. Ansetzen und auf der Spur Festsaugen war ja noch in Ordnung, Spur halten auch, aber der Laut außer einem Jiff zu Anfang gleich

Null. Eine mittelprächtige Katastrophe war das. Lediglich einen gestochenen Hasen hetzte sie laut beim Wiederkommen auf Sicht.

Einem Prüfer, der den Zwinger kannte, und auch mir genügte das nicht. Sie bekam den zweiten Hasen. Wieder saugte sie sich fest und dann, nach wenigen Fluchten, setzte ein Spurlaut ein, wie er besser nicht sein konnte. Heute noch sehe ich meine Mütze vor Freude in die Luft fliegen. Endlich war der Knoten geplatzt, denn ein stummer Jagdterrier, ... das kann nicht sein! Hase Nummer drei bestätigte das Urteil, und wir konnten zufrieden mit einem sehr guten Ergebnis nach Hause fahren. Hexe hatte von dieser Stunde an einen verlässlichen Laut, ihr ganzes Hundeleben lang.

Spießer und Schmaltiere führen nicht!

Das ist mir!

Hexe war gerade mal zwölf Wochen alt. Ich hatte Jagdfreunde im Revier, die einfach mal ansitzen und evtl. auch ein schwaches Böckchen oder Schmalreh erlegen wollten. Ich setzte mich ohne besondere Ambitionen mit Hexe in einem anderen Revierteil an. Das kleine Hundemädchen war mit zum „Usinger" gelaufen und schlief nun auf der Bank an mich gekuschelt, den Schlaf der Gerechten.

In unser Träumen und Sinnieren, es könnten auch Unterrichtsvorbereitungen gewesen sein, betritt plötzlich ein schwacher, vermutlich dreijähriger Mogelbock, den niemand kannte, auf drei Uhr die Bühne. Auch Hexe, durch meine Bewegung in Richtung Glas und Waffe geweckt, lugt nun unten um die Brüstungsecke zum Bock. Da muss man nicht lange überlegen! Mit an Sicherheit grenzende Wahrscheinlichkeit weiß er bis heute noch nicht, dass er tot ist. Noch keine fünf Minuten später macht ein Knopferchen einen langen Hals aus der Bächleinhecke nach dem Gestreckten. Ich legte ihn dazu. Bei einem der Gäste fällt ein Schrotschuss. Er bringt nach dem Ansitz einen Jungfuchs mit zur Hütte.

Zufrieden legen wir Strecke. Hexe ist sehr interessiert, speziell an dem Füchslein. Es wird verbellt und gezaust. Das Hundchen macht mir Spaß. Freund Gustav begutachtet unterdessen den älteren Bock und fasst ihm ans Gehörn. Schon ist die Kleine da und knappt ihm in die Hand! „Lass die Pfoten von meinem Bock!" sagte sie unmissverständlich, „Nur der Chef darf das!"

So auch zwei, drei Jahre später. Erik, ein Forststudent, beschoss in unserem Revier noch in der Abendsonne einen Frischling auf der Waldwiese. Am Anschuss war Lungenschweiß, also kurze Totsuche. Für Hexe kein Problem. Zügig, aber gewissenhaft, arbeitete sie die 80 Meter in die angrenzende Fichtendickung zum Stück. Ich reichte anschließend den 20-Kilo-Frosch über den maroden Kulturzaun und Erik begann an der Hütte mit der roten Arbeit. Die Zeit nutzend, drehte ich noch eine kurze Informationsrunde zur nahen Kaiserkirrung. Wieder an der Hütte angekommen, war Erik gerade mit dem Aufbrechen fertig und nahm freudestrahlend seinen Bruch entgegen.

Jetzt kam auch Hans, ein sehr hoch und nach allen Seiten kräftig gewachsener Mann mit mächtiger Leibesfülle, dazu. Er durfte auch gelegentlich hier mit ansitzen, besaß aber keinen Jagdschein und hatte in der Nähe zur Wildbeobachtung einen Hochsitz belegt, dessen Untergestell und Leiter extra wegen ihm verstärkt wurden. Weltmännisch großspurig erkundigte er sich nach dem Erleger und von gespielter Ahnung wollte er den Sitz der Kugel begutachten. Um sich nicht schmutzig oder schweißig zu machen, versuchte er die Wutz mit dem Fuß zu drehen. Mit Hexe, die natürlich ohne Leine frei um uns herum scharwänzelte, hatte er aber nicht gerechnet. Als schmerzhafte Erziehungsmaßnahme biss sie ihm durch den Gummistiefel und ich zitiere den Struwwelpeter: „....bis tief ins Blut hinein!" Er schrie, tanzte nach Indianerart und tobte wie wahnsinnig. Den Scheißköter müsse man erschießen, das wäre doch kein Hund, sondern ein Monster und ich, sein Chef, bräuchte einen Hundeführerschein. In der mir eigenen, besonnenen, sehr feinen Art, so knapp am Siedepunkt, gab ich ihm einfach aber klar zu verstehen, dass meine Hunde meine Freunde und Kumpels sind und dass nicht jeder unsere Kreise stören darf! Hans fragte nicht mehr, ob er bei uns ansitzen dürfe!

Jagd offenbart den wahren Charakter
eines Menschen!

Kunstbaue

Irgendwann wurde Matthias auf meinen Terrier und mich aufmerksam. Er hatte die östliche Nachbarjagd gepachtet und führte eine sehr gute DK-Hündin „von der Wetterau". In seinem kleinen Feldrevier mit eingestreuten Feldholzinseln hatte die Fuchsbejagung oberste Priorität. Matthias hatte selbstverständlich auch von meinen Kunstbauen gehört.

Dies waren selbst gegossene Betonfertigteile, um die 45 Kilogramm schwer, unten offen und so konstruiert, dass sowohl Gerade als auch Kurven mit den universellen Elementen gelegt werden konnten. Sie mündeten in einen Kessel aus Halbschalen mit einem Dreieckstein am Kesseleingang. So konnte der Fuchs wieder in die Röhre und demzufolge nach draußen entweichen, sobald sich der Terrier im Kessel befand. Öffnen konnte man die Schlafkammer Reinekes relativ zerstörungsfrei durch eine Luke in der scheibenartigen runden Abdeckung.

Meine Kunstbaue erlangten Serienreife. Ich habe viele davon gegossen, eingebaut, verkauft und natürlich genutzt. Balgschonend und terrierfreundlich waren sie auch! (s.o.)

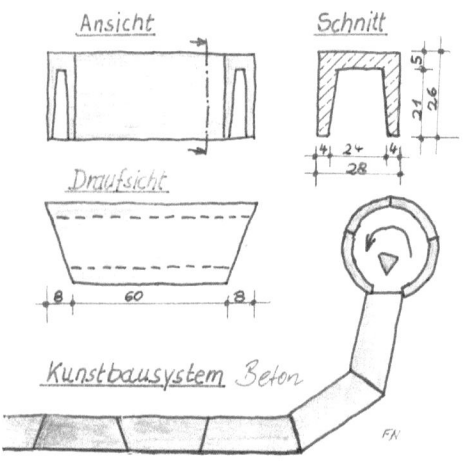

Bei Matthias bauten wir drei dieser Exemplare ein. Pro Bau erlegten wir im Schnitt vier Füchse im Jahr. Leise angehen, nur Handzeichen, nicht auf dem Bau stehen, auf den Wind achten und nicht - wie meistens im Leben - in die Röhre schauen, ist das Erfolgsrezept der Baujagd. Hexe kannte das Spielchen ganz genau. Geduldiges und ruhiges Warten bis alle Schützen stehen, dann streife ich die Halsung. Ruhig folgt die Duftkontrolle des Hundes am Eingang. Sie schlieft ein, wenn der Bau befahren oder die Witterung noch relativ frisch ist. Wenn sie schliefte sollten wir schussbereit sein, denn es dauerte meistens nur wenige Augenblicke bis ein Rotrock sprang.

Das zweite Standbein der Fuchsbejagung im Feldrevier sind die Strohballenhaufen, auch eine Art des Kunstbaues. Zwischen den langen Reihen, der mit der Rundung aneinander sitzenden Ballen, entstehen Zwischenräume, die gerne von Fuchs, Dachs, Waschbär und Marder angenommen werden. Eine solche trockene und warme Wohnung würde auch ich bevorzugen, wenn ich ein solches Wild wäre. Aufgrund der Größe der Haufen brauchte man schon viel Zeit zur Bejagung, gab es doch viele Löcher, in denen sich der Fuchs verklüften konnte. In einem solchen Fall half der Bergstock zum Stochern von außen, denn die Ortung durch den Hundelaut war ziemlich klar. Meistens sprang dann Reineke auch. In diesem Revier erlegte das eingespielte Fuchsteam im Laufe weniger Jahre über hundert Füchse!

Bei solchen Jagden ist immer der Hundeführer der Jagdleiter. Schusshitze darf nicht sein. Die Haufen waren meist mit Folie abgedeckt. Darunter konnte man leicht die Kreatur erkennen. Es durfte aber erst geschossen werden, wenn die Lunte des Fuchses außerhalb sichtbar war. Das gesamte Tier musste in voller Lebensgröße angesprochen werden, eindeutig erkennbar und keinesfalls auch nur minimal durch Folie verdeckt sein. Unglaubwürdig wurde ich in einem Fall, in dem Hexe den Fuchs mit der Lunte zuerst, also rückwärts, ins Freie drückte. Auch sprang ein Fuchs oft und suchte nicht das Weite, sondern nahm mit einer Luftrolle gleich die nächste erreichbare Röhre unten oder oben wieder an. Bei erfahrenen Altfüchsen war dies häufiger zu beobachten. Diese kamen aber dann oftmals vom Sitzstock aus zur Strecke, wenn am Ballenhaufen Ruhe eingekehrt war, und sie der Störung wegen die sichere, mittlerweile nach Hund stinkende, Behausung verlassen wollten.
In einem Strohhaufen in der Nähe eines Aussiedlerhofes wurde eines Tages Hexe extrem laut und giftig.

Es sprang aber kein Fuchs, sondern auf dem Stroh, ganz oben, stellten sich nacheinander fünf Stubentiger ein. Aufgeregt waren sie, runde Rücken und dicke Schwänze hatten sie!

Regelmäßig stellten wir auch eine mit Schilf bewachsene Fläche in der Seemenaue ab, in der ebenfalls immer mindestens ein Fuchs steckte. Hin und wieder ging aber meine Töle erst mal den Rehen hinterher und dann dauerte es, bis sich Mylady begnügte, nach den Füchsen zu schauen. Aber mindestens ein Fuchs fiel dort immer. Herrliche Zeiten waren das!

Riegeln

In meinem Heimatrevier war ein bewaldeter Teil am südöstlichen Steilhang zum Nachbar hin schwer zu bejagen. Dort wollte niemand hin, höchstens mal pro forma ansitzen. Gelegentlich, bei entsprechend passendem Wind, stellte ich mich an einen Wechsel, meistens mit dem Drilling auf der Schulter oder über den Knien. Hexe konnte ich schnallen und warten. Voller Eifer verschwand sie im Hang, und oft dauerte es nicht lange, bis sie weiter hinten laut wurde. In dem steinigen und steil abfallendem Gelände ging Wild nur im Notfall runter oder rauf, und schon gar nicht aus der Deckung Richtung Westen. So hatten

Terrier und Jäger an dem gedachten Sack leichtes Spiel. Fuchs, Reh, und gelegentlich auch mal Sau kamen auf den Wechseln quer zum Hang ebenfalls langsam und nach hinten zum Hundelaut sichernd ...! Hundsgemein und hinterhältig war das, aber effektiv!

...wider die Vernunft!

Hexe hatte, ähnlich wie Ricke, den sprichwörtlichen Kippschalter in Kopf, Stöberarbeit selbständig und mit großem Getöße, am langen Riemen aber war sie die Ruhe und Zielstrebigkeit in Person. Eine besondere oder spezielle Schweißausbildung hatte sie nicht, lediglich zu Anfang legte ich die eine oder andere Schleppe. Dann fiel immer wieder mal eine Totsuche an. So entwickelte sich die Sache nach und nach. Sie hatte einen unbändigen Finderwillen. Das ist und bleibt bei jeder Gebrauchshunderasse das A & O ! - Und man (frau) sollte seinen Hund kennen und ihn auch „ausreden" lassen!

Viele Suchen von Hexe tauchen in diesen Geschichtchen immer wieder mal auf. Auch die folgende ist erzählens- und nachdenkenswert, schon allein des Risikos wegen.

Ein Kollege wollte gerne einmal Sauen in freier Wildbahn sehen und evtl. auch bei einer Erlegung dabei sein. Wir besetzten das Storchennest, gingen doch davor jede Nacht die Sauen auf den Feuersteinwiesen mächtig zu Schaden. Das Mondlicht war mäßig, und der Himmel zog sich allmählich zu. Nach längeren Sitzen und leiser Unterhaltung zur Jagd im Allgemeinen kommt eine mittelprächtige Sau von vorne über die Fläche und beginnt noch etwas weiter weg zu brechen. Als sie breit stand, schoss ich. Sie lag. Durch das Mündungsfeuer geblendet, konnte ich aber nicht sehen, wie sie sich in der angrenzenden Bodenwelle aufrappelte und in dem nahen Jungwald verschwand. Der Kumpel konnte ebenfalls keine genauen Angaben zum Verlauf machen, war es doch seine erste Sau, die er in freier Wildbahn gesehen hatte. Auch wurde er von Jagdfieber ordentlich gebeutelt. ... Erst mal Ruhe einkehren lassen!

Am Anschuss fanden wir lediglich dunklen Wildbretschweiß...! Hoch war ich abgekommen! Keine Knochensplitter und auch nach dem Schuss keinerlei Geräusche im Wald hinter uns. Das war sehr verdächtig. Mit Sorgenfalten in der Stirn und zweifelnd am Ausgang der Suche zur Nachtzeit mit Taschenlampe, nahm ich Hexe trotzdem an den Schweißriemen. Es begann leise zu schneien. Zügig arbeitete sie auf der Fährte. Ich kämpfte mich mühsam durch den bürstendichten Fichtenjungwald mit dürren, stacheligen Ästen auf Augenhöhe (Schutzbrille!?) und der relativ kurze Schweißriemen entglitt mir! Was tun? Hexe war auf der Fährte und ließ sich nicht abrufen. Ich hatte Schreckensbilder im Kopf! … Wenn sich der Riemen verhedderte?... oder die Sau den angeleinten Hund annehmen würde? … Nicht aus zudenken!

Es half alles nichts. Ich musste aus der Dickung raus. Aber welche Richtung? Gespenstische Dunkelheit, Fichten über Fichten, Himmel war auch kaum zu sehen und Sterne schon gar nicht. Ich kroch im Schein der Stablampe längs mit den Baumreihen den Weg des geringsten Wiederstandes und kam nach einer Weile an den Mittelweg. Die Orientierung war wieder gegeben. Von Hexe kam aber weder Laut noch irgend ein Lebenszeichen. Jetzt fiel mir siedend heiß mein Kollege ein, der am Anschuss, bzw. am Einwechsel auf mich wartete. Es mochte wohl eine gute Stunde vergangen sein, bis ich in dem, mittlerweile heftig gewordenen, Schneetreiben zu ihm kam. Ich erklärte ihm die prekäre Situation, und dass wir auf meinen Hund warten müssten. Auch erörterte ich ihm mit gerunzelter Stirn, dass wir am frühen Morgen mit einen professionellen Schweißhundeführer mindestens meinen Hund wiederfinden müssten, wenn er sich denn mit der Schweißleine verfangen hätte. In den Köpfen schwirrten dunkle Gedanken und Schreckensbilder, gepaart mit Rufen und der Aufforderung an Hexe, Laut zu geben und so ihren Standort anzuzeigen. Nichts geschah, keine Antwort...!

Zwei Stunden wollten wir noch drauf geben, dann würde ich meinen Mantel hier an den Einwechsel legen und das weitere Vorgehen organisieren. Schweigend, nur durch gelegentlichen Ruf oder Pfiff unterbrochen, warteten wir im Schneetreiben auf ein Wunder. Lange Zeit später bemerkte ich in den dürren Brennnesseln am Bestandesrand leises Knacken und dann eine Bewegung neben mir. Hexe war da, aber völlig erschöpft! Sofort nahm ich sie hoch und knuddelte sie ab. Der Schweißriemen inklusive Haken mit Schiebeverriegelung fehlte, aber die Schweißhalsung hatte sie noch an....!? Gott sei dank, der Hund war da, alles andere ist mir erst mal egal! Gar nicht groß darüber nachdenken was geschah oder hätte geschehen können....!

Die Sau wurde nach kilometerlanger Nachsuche anderntags mit einem firmen HS auch nicht gefunden. Der Schuss saß vermutlich oben am Kamm, ging vor den Federn durch und ist hoffentlich ausgeheilt. Es war die zweite Sau, die ich mit einem solchen Schuss aufgeben musste.

Mein Kollege entwickelte sich dann nach und nach zu einen brauchbaren Jagdhelfer und mittlerweile zu einem passionierten, gestandenen Jäger mit dem Herzen auf dem rechten Fleck.

Als neue Schweißleine schaffte ich mir einen orangefarbenen, runden und glatten Kunststoffriemen von 15 Meter Länge an, den ich auch heute noch mit meinen Bracken einsetze. Aufzudocken ist er schlecht, und Handschuhe mit gutem Grip braucht man zweckmäßigerweise auch dafür. Zur Aufbewahrung schlage ich ihn nach Art einer Führleine zusammen und habe ihn so griffbereit neben der Hundebox.

Nordsee

Langsam stellten sich auch bei mir diverse kleinere und größere gesundheitliche Problemchen ein. So brauchten die Gelenke erst mal etwas Schmiere oder Bewegung nach längerem Liegen oder Sitzen, um nicht mit lautstarkem Knacken auf sich aufmerksam zumachen. Die Luft wurde meistens bergan merklich knapper und Ermüdung stellte sich eher ein. Damit einhergehend wurden auch die Erholungsphasen natürlich immer länger. Dazu kam stressbedingt eine Psoriasis, kurzum, der Haus- und der Hautarzt rieten mir dringend zu einer Rundumerneuerung mit einem Kuraufenthalt. Auch der Amtsarzt schloss sich dieser Empfehlung an und meinte, das Reizklima der Nordsee wäre genau das Richtige für den gesundheitlich leicht angeschlagenen Lehrer und Waidmann. Nordsee, ach du je...! Sankt Peter-Ording...! Wasser, Wind, keinen richtigen Wald und flach, soweit das Auge reicht! … Dazu Anfang Januar...! Ganz und gar nicht meine Welt. ... Friedrich, da musst du aber durch!

Als Bindung zu Heimat und Jagd und gegen die Einsamkeit wollte ich gerne Kumpeline Hexe mitnehmen, zumal der Kurbetrieb im Jänner auf ein Minimum reduziert war, und dort oben überall auf saisonbedingter Sparflamme gekocht wurde. Mit leichtem Unbehagen suchte ich mir dann aus einer Broschüre privat ein Zimmer, außerhalb und weg vom abgehobenen Kurbetrieb, in dem auch ein Hund willkommen wäre. Böhl, Deichnähe, entfernt vom Trubel schien genau das Richtige für mich zu sein.

„Nimmste mal den Hörer auf und drückst mal auf die Tasten...!" Auf der anderen Seite der Telefonleitung meldete sich eine ältere Dame in norddeutsch-Platt. Ja, sie hätte für diese Zeit ein Zimmer für mich. Welcher Hund wäre das denn? Meine Antwort: Kennen Sie bestimmt nicht! Sie: Groß oder Klein? Ich: Klein! Sie: Welche Rasse? Ich: Deutscher Jagdterrier! Sie: Haben wir gezüchtet! Somit war alles in trockenen Tüchern!

Auf der Fahrt durch die norddeutsche Tiefebene war der Himmel von dicken bleigrauen Schneewolken verhangen. Oh je, dachte ich mir, wo das wohl hinkommt...!? Für mich kam jetzt der Elbtunnel incl. Hamburgtransit. Schnell raus da und in Richtung Heide, Eidersperrwerk, dann irgendwo links ab zum Eckhof. Einsame Lage, viel Wind ums Haus, reetgedeckt, Backsteinbau, alt, und wunderschön...! Der Blick aus dem Fenster meines Zimmers zeigte Wiesen mit tiefen Gräben, Schafe allerorten und neben unzähligen Grau- auch viele Kanadagänse!
Die dicken Wolken hatten sich in die hessischen Mittelgebirge verzogen und dort massig Schnee gebracht, wie mir meine Frau bei dem „Gut-angekommen-Anruf" mitteilte. Mitgebrachtes Abendbrot auf

dem Zimmer, Orientierungsrunde mit Hund ums Haus und nähere Umgebung erkunden, Eindrücke sammeln, viel Neuland, aber heimelig. Beim Begrüßungsgespräch mit dem Gastelternpaar und einem Korn über Hausregeln, Frühstückszeiten, etc. verweilten meine Augen etwas länger auf dem gerahmten Foto eines etwas raueren Jagdterriers im Gästeraum. „Das war unsere Hexe!" kam wehmütig die Auskunft. „Dies ist meine Hexe!" entgegnete ich mit stolzem Blick auf meine angeleint sitzende Töle zu meinen Füßen. Leine und Anstand mussten sein, denn der Hauskater hatte sein Liegeplatz auf der Fensterbank über dem Heizkörper. Den sollten wir doch bitte respektieren, ebenso die gefiederten Frühstückseilieferanten im Hausgarten! Ehrensache! ….hoffentlich geht das gut?!

Beim ersten Blick aus dem Fenster nach dem Aufstehen am Morgen zählte ich fünfzehn Große Brachvögel auf der Wiese gegenüber. Selbstredend hatte ich ja mein Fernglas dabei! Im Frühstückraum durfte Hexe neben mir auf einem Stuhl sitzen und die Gastgeberin nahm zum kurzen Schnack gegenüber Platz. Dies wurde für die Dauer meines Kuraufenthaltes zum festen und angenehmen Ritual. Die Vorstellung und Untersuchung beim Kurarzt und im Therapiezentrum zwecks Anwendungsterminen verliefen problemlos. Schnell noch ein leckeres Fischbrötchen als Mittagessen und etwas Proviant für das Leibliche einkaufen; es begann, mir zu gefallen...!

Hund und Kurgast liefen täglich viele Kilometer über

Deich, Watt und Salzwiesen. Wir hatten leichten Dauerfrost aber keinen Schnee. Tägliche Anwendungen, gutes Essen, viel Schlafen und Bewegung in der Meeresbrise halfen dem „Ach-so-Kranken" und seinem angeschlagenen Ego mit Hund die unschöne Zeit an der Frankfurter Berufsschule hinter sich zu lassen. Schnell vergingen die Tage, und mein Allgemeinbefinden wurde merklich besser. Wattenmeer, Dünen mit Kaninchen, Marschrehe, Vögel aller Art, Land und Leute, alles fügte sich zu einem angenehmen Aufenthalt.

Jeden zweiten Abend, je nach Lust und Laune, suchte ich mir ein Lokal zum Abendessen. Schließlich landeten Terrier mit Herrchen in einer ländlich anmuteten Kneipe. Auf mein „Guten Abend!", gekontert mit „Moin!", trat am Tisch neben der Gaststubentür kurz Ruhe ein. Ich wurde unauffällig gemustert, war ich doch mit Lodenjacke und Hut winterlich jagdlich gekleidet. Ich nahm dann so Platz, dass ich diese älteren Herren, augenscheinlich hiesige Jäger, nicht direkt, aber ebenfalls unauffällig im Blick hatte.

Die Speisekarte wurde gereicht und als Getränk ein Duckstädter Dunkel bestellt. Grünkohl mit Pinkel lachte mich an, was dann auch frisch vom Herd bei mir am Tisch landete. Es schmeckte köstlich. Leider war die Portion so groß, dass ich unmöglich alles schaffen konnte. Ein Anstandsrest blieb auf dem Teller. Zur Frage, ob es denn gemundet habe, bestellte ich noch ein Bier und einen Korn zur besseren Verdauung. Hexe saß unter dem Tisch und verhielt sich ruhig, hatte sie doch auch heimlich diverse Häppchen von mir bekommen.

An dem Jägertisch unweit von mir kreiste mittlerweile auch eine Flasche Korn. Die Neugier auf beiden Seiten wuchs spürbar. Meine Lauscher waren unauffällig aber weit herausgedreht. Schließlich landete auch ein Willkommenskorn von ihnen bei mir am Platz. Das Glas in der Linken wurde von Allen mit freundlichem Kopfnicken geleert. Der Aufforderung, doch an ihren Tisch zu kommen, kam ich dann gerne nach.

Der Inhalt ihrer Schnapsflasche neigte sich dem Ende zu, und ich stellte die nächste in die Mitte. Es war ein offener, humorvoll herzlicher Austausch von Erlebnissen aus total unterschiedlichen Gefilden unter Gleichgesinnten! Gegenseitige Jagdreviere wurden beschrieben und Jagdeinladungen in den Raum gestellt. In dieser gemütlichen Runde brachte ich auch in Erfahrung, dass der Vater meiner Gasteltern zu Lebzeiten einen angesehenen Stammplatz in hiesiger Jägerschaft hatte, und seine Jagdterrier legendär in der Region waren. Den kilometerlangen Weg ins Quartier legten Hexe und ich zu Fuß zurück...!

Ganz klar, dass ich von nun an ständiger Gast in diesem Lokal mit bester Bewirtung war. So kühl, wie die Nordlichter immer beschrieben werden, waren sie wirklich nicht. Herzlichkeit und Gastfreundschaft herrschten überall vor, aber getreu dem Slogan „friesisch-nordisch herb!"

Anwendungen und stundenlange Wanderungen bei jedem Wetter und Tageszeit halfen tatsächlich mein Befinden erheblich zu verbessern. In einer stürmischen Mondnacht im Watt riss mir der Wind auf dem Deich die Mütze vom Kopf. Sie flog und flog...! Ihren Verlust habe ich verschmerzt, denn eigentlich bin ich Hutträger. In den letzten Tagen da oben hatte ich das seltene Glück, noch einen kleinen Bernstein im Watt zu finden, der als Anhänger mit Kettchen im Schmuckkästchen meiner Frau ein Zuhause gefunden hat. Allerdings hat meine Enkelin auch ein Auge darauf geworfen.

Das erfolgreiche Ende der Kur war gleichzeitig Beginn und gutes Omen einer neuen Ära an einer Berufsschule in meiner Heimat. Auch verschlägt es mich ab und an wieder in den Norden, natürlich mit Hund und zum Essen in den „Ohlsdorfer Krug" zum Jochen.

So war sie!

Keiner meiner Hunde, außer Arry, war so auf mich fixiert wie Hexe. Natürlich wohnte sie mit im Haus und hatte zu allem, außer zum Bett, freien Zugang. Befand ich mich in Seitenlage auf dem Sofa, sprang sie sofort in die Lücke zwischen den angewinkelten

Beinen und der Lehne. Gerne lag sie auch vor meinem Bauch ganz knapp an der Sofakante, was damals bei mir noch gut möglich war! Meine Damen mussten sich dann sehr leise im Zimmer bewegen, um Herrchen nicht zu stören. Nur der Gedanke, ihn könnte ein Unbehagen ereilen, hatte ein bestimmtes Brummen bis hin zum Fletschen der Zähne zur Folge. … an unsere Autos durfte sowieso niemand!

Einmal nahm ich auf der Fahrt von der Schule zum Revier verbotenerweise einen Schüler mit an seinen Wohnort, der am Weg ins Revier lag. Ich hatte zu vielen meiner Schüler ein offenes Vertrauensverhältnis. Zuerst fragte ich ihn, ob er Angst vor Hunden hätte. Er verneinte und nahm auf dem Beifahrersitz Platz. Hexe, die hin und wieder „Therapiehund" meiner eher schwierigen Klassen war, hatte ihren Stammplatz hinter meiner Kopfstütze auf der umgelegten Rückbank in und auf meinen Jagdklamotten. Anfangs ging alles gut, bis der kleine russische Aussiedler anfing, alles mögliche lebhaft zu erzählen. Das ging Hexe nach einer Weile gewaltig auf den Geist. Sie setzte sich hinter ihn und warnte ihn deutlich mit Knurren und Fletschen. Der fast erwachsene Schüler musste sich nun mucksmäuschenstill verhalten und durfte weder reden noch gestikulieren. In Gedern erlöste ich ihn und lieferte ihn zuhause ab. Er war einer der besten und lustigsten Schüler meiner EIBE-Klassen, kam dadurch in ein geregeltes Arbeitsleben und ist mittlerweile selbständiger Dachdeckermeister in Düsseldorf.

Ein Glück war auch, dass die Jagdhaftpflichtversicherung immer zahlte, wenn wieder mal die Hosen vom diversen Paketdiensten oder Postboten durch Hexezähne Risse aufwiesen und ersetzt werden mussten. Nur beim Tierarzt hatten wir keine Probleme mit Beißen. In seiner Praxis löste sich die Charaktertöle meistens provokativ ohne Vorwarnung groß und stinkend, um ihren Unmut kundzutun. Auch mein Abteilungsleiter der ungeliebten Frankfurter Berufsschule, der mich zu Ferienbeginn fieserweise bei Budgetierungsarbeiten in dem Büro der Außenstelle unangekündigt und mit Hintergedanken kontrollieren wollte, wurde im Flur der Lehrbaustelle gestellt. Regungslos musste er ausharren, bis ich ihn aus seiner misslichen Lage befreite. Als er mich rügen wollte, zeigte ihm Hexe empfindlich, dass er eigentlich nichts zu melden und hier unerwünscht wäre!

Hexes Gesundheitszustand verschlechterte sich zusehends, als sie in den zwölften Behang kam. Wegen der beständig hervorragenden Schweißarbeiten von ihr, wähle ich ehrenhalber diese Altersangabe! Natürlich hatte sie viel geleistet und gearbeitet, was nicht spurlos an ihr vorüber gegangen war. Aber an Pflege und Annehmlichkeiten fehlte es ihr nie. Jetzt schlief sie fast nur noch und ihr Ende rückte offensichtlich näher.

Ich hatte abends zwei Frischlinge erlegt und zum Auto gezogen. Am folgenden Morgen fragte ich Hexe nun, ob sie mich begleiten wollte, den Aufbruch wegzubringen und wieder neu zu kirren. Kopfheben und schwaches Schwanzwedeln war die Antwort. Ich trug sie zum Pajero, legte sie auf die Klamotten und fuhr ins Revier. Oberhalb der Kirrung angekommen setzte ich sie ins warme Gras der Sommersonne und ging die etwa 50 Meter zum Kirrplatz an der Kalten Buche. Zum Beschicken der Kästchen folgte sie mir behutsam. Selbständig nahm sie dann die Schleppspur der beiden Sauen auf und buchstabierte mit tiefer Nase langsam wieder in Richtung Auto, während ich noch einige Minuten rundum abfährtete. In der Nähe des Autos lag sie dann, und ich lobte unter Tränen meinen soeben auf die große Reise gegangenen Hund.

Mit dem Kirrspaten begrub ich sie vor Ort in allen Ehren und beschwerte ihr Grab mit bemoostem Vulkangestein. Kirrplatz, Kuppe und Kanzel dort oben an der Alteburg heißen noch heute „Hexe"

Verlässlichkeit und Treue ...
keine Reue!

20. Jagen, meine Gedankengänge und

Erfahrungen dazu ...

Seit Urzeiten ist der Mensch oder eine frühere Form von ihm auf Hilfsmittel zum Jagen und Nahrungserwerb angewiesen. Das beginnt schon mit dem Stöckchen zum Stochern, an dem dann der Honig der Wildbienen klebt oder Insekten krabbeln. Der Stein zum Werfen oder Klopfen und ebenso der Knüppel diente entweder der Verteidigung oder dem Töten von Tier und Feind, die das eigene Leben in irgendeiner Form bedrohten oder die als Nahrung dienen sollten. Mit der stetigen und mittlerweile rasanten Weiterentwicklung der Waffen über die Jahrtausende stellte sich auch im Zuge der Evolution das Schutzverhalten unserer bejagbaren Tiere um. Die Anpassungsfähigkeiten in der Fauna sind enorm, und über die Sinnesleistungen, sei es Gehör, Sehfähigkeit oder Geruchssinn können wir Menschen nur staunen. Ihre Schnelligkeit und die Fähigkeit des Tarnens sind der unseren weit überlegen.

Den Menschen hat die Evolution allerdings mit der Denkfähigkeit ausgestattet, die uns wiederum befähigt, Technik in jedweder Form zu entwickeln und einzusetzen, wenngleich auch nicht immer zum Segen unsrer Erde. Hier denke ich zuerst an das Fertigen von Kleidung bei dem allmählich fortschreitendem Wegfall unsrer Körperbehaarung vor Urzeiten bis hin zur Entwicklung der modernen Medizin und in negativer Betrachtung die bestialischen Vernichtungswaffen heutiger Zeit.

Auch ist die moderne Jagdausrüstung incl. Outdoor-Kleidung ein immenser Wirtschaftsfaktor und der hat eine riesige, ausschließlich gewinnorientierte Lobby hinter sich. Einen Mittelweg diesbezüglich zu finden, wäre angebracht und nicht nur unserer Jagdkultur förderlich!

Eine Jägerin oder ein Jäger sollte deshalb stets mit offenen Augen und einem ebensolchen Herzen dieses Handwerk betreiben. Dabei sind ethische Regeln zu befolgen, die wir uns in jahrhundertealten Riten auferlegt haben. Damit bezeugen wir einen gewissen Respekt vor den Mitgeschöpfen und der Natur schlechthin. Die Abläufe und das Geschehen Draußen sollten uns stets vor Augen führen, dass wir Menschen nur ein Teil und nicht „der Schöpfung Krone" sind.

Seit ewigen Zeiten versuchen wir nun neben dem Alltag des Jagens auch wissenschaftlich zu ergründen, wie unser Wild lebt und es sich verhält, um uns im wahrsten Sinne des Wortes „aus dem Weg zu gehen". Es zu kennen, war und ist höchstes Gebot der Jägerei. Seine Lebensweise zu akzeptieren, gehört untrennbar zur waidgerechten Jagd.

Auch möchte ich an dieser Stelle kurz die Jagdmalerei zum Jagdgeschehen ansprechen. Sie ist ebenfalls untrennbar ein wesentlicher Teil unserer Jagdkultur im deutschsprachigen Raum. Meistens, wie schon die Höhlenmalereien aus grauer Vorzeit belegen, war stets das Wild als Lebensgrundlage hauptsächlicher Bestandteil dieser Dank bezeugenden Abbildungen.

Der Mensch selber kam dabei unscheinbar als Strichmännlein eines Kleinkindes nur hintergründig zur Geltung.

Viele Jäger meiner Nachfolgegeneration gehen heutzutage stress- und zeitbedingt nur noch jagen, wenn sie merken, die Truhe ist leer oder sie brauchen den „Kick" wieder einmal. Mit modernster Technik wird dann oftmals (meine Erfahrung!) mit wenig (Fach/Sach-)Kenntnis und mit möglichst wenig Zeitaufwand versucht, Beute zu machen. Dies war natürlich auch schon in grauer Vorzeit so, nur mit dem Unterschied, dass das Jagen **damals** dem Lebenserhalt diente, und ...

... der Jäger musste <u>seine eigenen Sinne</u> und Fähigkeiten gebrauchen !

Schon in frühester Jugend war ich überwiegend sonntags mit dem Onkel und den örtlichen Jägern auf Suchjagden nach Hase, Fasan und Rebhuhn. Anfangs führte ich „Cilly", den DD vom Onkel, später dann aber immer meine Hunde im Jagdbetrieb. Ich schaute, verinnerlichte und hinterfragte das Jagdhandwerk der „Alten". Das meiste nahm ich erst mal als gegeben und euphorisch hin. Fach- und Sachbücher incl.

dem „Brehm", „Das Deutsche Waidwerk", die „Pirsch" uvm. verschlang ich, sooft ich deren habhaft werden konnte. Dadurch wurde ich zunehmend kritisch-positiv zur Sache. Dies wiederum brachte mir während meiner Schulzeit viele Minuspunkte ein, weil ich öfters besser auf diverse Themen (Biologie) vorbereitet war als unsere damaligen LehrerInnen. Ganz klar war ich dann ständig der Angeber und hatte Repressalien auch seitens der Lehrerschaft einzustecken. Glücklicherweise wurde ich aber doch im Nachhinein vom erweiterten Umfeld akzeptiert, zumal der Jäger hin und wieder auch schmackhaftes Wildbret liefern konnte.

Meine Zimmrerlehre erwies sich als hilfreich in Sachen jagdlicher Einrichtungen, sprich Hochsitz- und Fallenbau. In vielen Revieren der Umgegend war ich gefragter Spezialist in punkto Sicherheit, Funktionalität und Langlebigkeit dieser Bauten. Die Produktion von „Sondermüll" bei sogenannten Winter- und Schlafkanzeln kann ich nur mit ungläubigem Kopfschütteln kommentieren. Ebenso die abenteuerlichen Höhen von speziellen „Rotwildkanzeln", die lediglich einen enormen „Toten Winkel" und Steilschüsse zur Folge haben. Sie sind aus meiner Sicht absolut unnötig. Der „Gestank" des Jägers trifft dann lediglich ein paar Meter weiter weg auf die Erdoberfläche oder den Windfang. Ressourcen- und Umweltschonen sollte prinzipiell für alle Gewerke und Entwicklungen weltweit oberstes Gebot sein.

Jäger sind „Kopfhunde", d.h. jeder hat seine eigenen

Ideen, wie er am besten Beute machen kann, und welche Hilfsmittel er dazu verwendet. Diese Ansichten decken sich meistens nicht ganz mit einem Großteil der anderen Mitjäger. Kompetenzgerangel, mangelnde Intelligenz, Ignoranz, Habgier, Selbstherrlichkeit und Besserwisserei bringen Gift in die Jägertruppe. Hier ist es wichtig, dass der „Primus Interparis" (Rudelführer) mit diplomatischem Geschick die Richtung anzeigt, und wem dies nicht passt, der packe hurtig seinen Bündel.

Große Worte gelassen ausgedrückt! Hin und wieder hatte es auch mich erwischt, und ich räumte das Feld. Auch darum, weil der Tierschutz einhergehend mit der „Waidgerechtigkeit" in diesen Revieren nicht im Einklang war, oder einfach gegen alle Regeln und Fachwissen verstoßen wurde. Nicht immer konnte ich den Jagdherren zustimmen, und oft ging mir einiges über die „Hutschnur". Besonders merkte ich dies in den Jahren, in denen ich „hochexplosiv" war und meine Erfahrung und Menschenkenntnis noch nicht den heutigen Stand hatte. Auch spielte leider in den meisten Fällen der dicke Geldbeutel Anderer eine gewichtige Rolle. In jedem Fall ist aber vornehme Zurückhaltung von allen Seiten geboten. Jagdfreundschaften basieren nur auf Augenhöhe. Modernes (Jagd)Management funktioniert im Jagdalltag und in unseren Gefilden nur bedingt, und merke:

die Natur lässt sich nicht ins Handwerk pfuschen!

Mit die erste Ausrüstung für mich und Draußen waren damals landwirtschaftlich bedingt die Gummistiefel mit Rosshaarsocken. Einfaches Schwarz und im Bedarfsfall genügte ein Fahrradflicken, um einen Riss zu dichten. Die Hose war meistens aus Cord mit Gürtel und Hosenträgern. Baumwollhemd, kariert oder grün und extra lang ergänzten dann ab der Lehre die schwarze Zunfthose mit Schlag. Natürlich ging dies alles nicht ohne Schutzschuhe, Ausführung S3. In solider Qualität reichen sie an Bequemlichkeit und Komfort an wesentlich teurere „Jagdstiefel" heran. Mütze oder Hut rundeten das Outfit handwerklich-praktisch ab.

Irgendwann wurden die Gummistiefel grün, ebenfalls auch mit Zehenschutz und Stahlsohle. Der wadenlange, gebrauchte, aber gut erhaltene Lodenmantel vom „Wallernhäuser Opa" tat jahrelang hervorragende Dienste. Auch heute ist ein solches Kleidungsstück immer noch die erste Wahl auf dem Ansitz. Eine Nummer größer als die normale Konfektionsgröße ist optimal. Bei strenger Kälte und längerem Sitzen genügte stets der leise Ansitzsack mit Muff zum Einstecken der Hände. Wollene oder Fleecehandschuhe mit Schießfinger sind zusätzlich öfters eine gute Wahl. Seit Jahrzehnten ist die Lederhose mit Nicker bewährtes jagdliches Alltagsbeinkleid. Dornen und Schmutz jeglicher Art können ihr herzlich wenig anhaben, und gut gefettet hat sie ein besonderes Charisma. Der handgestrickte, lange Wollschal und der Winterpullover sind ein absolutes Muss und eine Universalbekleidung. Aber ich verzichte dabei auch ungern auf moderne Fleecejacken, denn frieren auf der Jagd muss in meinem Alter auch nicht mehr sein.

Zu meinen jagdlichen Schlüsselerlebnissen zählt neben dem ersten Hochsitzbau (Band I) in der Kinderzeit folgende Begebenheit: Samstag, Beginn der Weizenernte, gleichzeitig Blattzeit im Revier Glauberg. Ich war zufällig in der Metzgerei des Onkels. Ein Nachbar kam zu uns und berichtete, dass „de Jungmanns Kall" dort einen Rehbock in der „Welschlache" angemäht hätte, und er doch gleich hinkommen soll…! Er wäre in den „Selbstbinder" (Erntemaschine) gekommen!? Onkelchen hatte den Drilling nebst Munition - sowieso!!! - im Auto, also konnten wir sofort dahin starten. Jagen war auch schon damals für uns (fast) das Wichtigste…!

Das Feld lag am östlichen Ortsrand, unweit des letzten Hauses. Dort stand besagter Karl breitbeinig über dem Bock und hielt ihn am Gehörn fest. Onkel machte die Waffe zum Fangschuss fertig und forderte Karl auf, das Reh freizugeben. Sofort danach versuchte der Bock zu flüchten. Es war lediglich ein schmerzhaftes „zur Seite rollen", und wir sahen jetzt, dass ihm drei Läufe abgemäht waren. Schussfeld für den gefahrlosen (Schrot)Fangschuss war nun gegeben und das Reh verendete im Knall. Eine Wanne oder ähnliches stand für den Transport nicht zur Verfügung, und der Pkw durfte innen nicht schmutzig werden. Also bot ich mich an, unsere Beute im Rucksack mit (damals moderner) Schweißeinlage zum Schlachthaus zu tragen. Die ca. 500 Meter bei ungefähr 30°C drückten ganz schön am Rücken, war ich doch höchstens 12 Jahre alt. Aber, ein Indianer (frei nach Karl May) kennt keinen Schmerz...!

Das Aufbrechen machte dann Onkelchen natürlich im Hängen, war er doch Metzgermeister. Soviel zu den Lerneinheiten Fangschuss, Transport, Aufbrechen mit Organbeurteilung und Brauchtum, denn ein „Letzter Bissen" wurde mit den Worten: „Das macht man so!" in den Äser gesteckt.

Es dauerte aber etwas länger, bis ich kapiert hatte, warum der Bock damals so lange den Lärm des Selbstbinders dösend ausgehalten hatte...!? - Es war ja Blattzeit, und das Wort „abgebrunftet" bekam irgendwann bildhaft-persönlich-hormonelle Bestätigung.

234

Zarte Haut und warmes Bett
haben so manchem Reh das
Leben gerett´ !

...das fehlte noch...

Vor noch nicht allzu langer Zeit stellte ich folgende
Überlegung an:

An einem Heckenstreifen im Vogelsbergrevier, durch
den auch ein Fernwechsel der Sauen führt, ist das
Ansitzen mit Sitzstock der Geländebeschaffenheit
wegen nicht ratsam. Hier bietet sich eine Ansitzleiter
nach Art des Titelbildes meiner Bücher an, natürlich
jetzt auf dem neuesten Stand meiner
Hochsitzerfahrungen (:-) - nämlich bequem und
sicher.

Beim Bau dieser Leiter beginne ich an der Oberkante
(OK) Sitzbrett, welches eine Breite von rd. 80 cm
und eine Tiefe von rd. 40 cm hat. Dort schließt sich
die schräge Rückenlehne an, ebenfalls ca. 40 cm
hoch. Die Holme der Lehne sollten reichlich nach
oben und unten überstehen, der Schießauflage und
der Knaggen wegen.

Die Länge und Stärke der Leiterholmen richten sich
nach der Gesamthöhe des Sitzes. Die Sprossen sind

85 cm lang und haben eine Stärke von mind. 4,5 x 7 cm. Der Sprossenabstand beträgt von OK zur nächsten OK 30 cm und ist beliebig zu vervielfachen. Ich beginne oben mit dem Anreißen. Das Maß von OK Sitzfläche zur obersten Sprosse als Fußraste ist 50 cm. Zur Stabilität der Rückenlehne sollten noch Knaggen angebracht werden.

Der Winkel der Leiter zur Waagerechten (Boden) beträgt ca. 75°, ebenso 105° Leiterholm/Sitz. Befestigungsmittel sind handelsübliche Schrauben, wie z.B. Tellerkopfschrauben, aber bitte nicht zu dünn und kurz!

Für die Leiterholme (ca.70 cm lichtes Maß) benutze ich entweder Kantholz min. 8 x 8 cm oder Fi/Lä - Stangen. Für Sitz- und Lehnenträger incl. Schießauflage genügen 4 x 6 cm Fi/Ta. Rahmen.

Diese Leiter kann an einen Baum angelehnt oder über einen rückseitigen Strebenbock frei gestellt werden. Es empfiehlt sich, die Schießauflage vor Ort anzubringen. Ein Anlehnholz, welcher Form und Art auch immer, kann an der Rückenlehne fixiert werden, um den Sitz rückwärtig mittels eines Zurrgurtes am Baum zu sichern. An den rechten Rand der Rückenlehne schraube ich zwei kurze Latten im lichten Abstand von ca. 4,5 cm an, die den Gewehrschaft aufnehmen und die Waffe gegen Absturz sichern. Mit dem Lauf liegt sie nun für Rechtshänder griffbereit auf der vorderen Schießauflage.

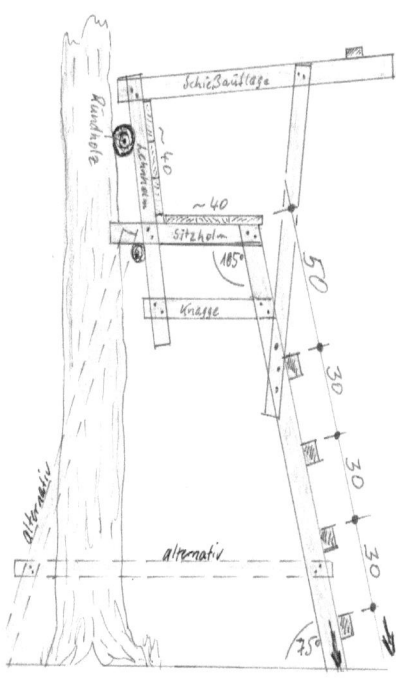

Jagen heißt: Strecke machen wollen

Meine Hubertusrede 2023

Liebe Jägerinnen und Jäger, liebe Jagdfreunde und Naturliebhaber!

Wir sind gerne in der Natur. Wir wandern, jagen, treiben Sport, sitzen gemütlich auf der Gartenbank, kurz: Wir erholen uns in und mit ihr vom Alltag. Dies ist selbstredend ein Grund, die Natur zu schützen. Der andere liegt darin, sie zu nutzen. Diese Nutzung ist die eigentliche Lebensgrundlage für uns. Pflanzen reinigen die Luft, verhindern Bodenerosion und stellen uns Nahrung, Baumaterial und Medizin zur Verfügung. Insekten bestäuben Pflanzen, damit wir ihre Früchte essen können, Der Boden filtert das Wasser, Bäume spenden Schatten, saubere Meere, Sonne, Wolken und Wind geben uns, was wir zum Leben unabdingbar brauchen.

In diesem System, welches ich eben nur andeutungsweise umrissen habe, ist jede Tier- und Pflanzenart wertvoll und wichtig auch für alle andere Arten, egal ob sie in unseren Augen niedlich, edel, hässlich, flauschig, borstig, stachelig oder einfach nur lästig sind. Je mehr verschiedene Tier- und Pflanzenarten auf der Erde leben können, um so besser funktioniert das Zusammenleben zwischen ihnen.

Deshalb ist es das wichtigste Ziel des Naturschutzes, und dazu gehört selbstverständlich auch die Jagd, die biologische Vielfalt zu erhalten oder sie wieder herzustellen. Dass das nicht immer leicht und oft mit enormen Kosten und vor allen Dingen mit einem Umdenken in der Gesellschaft verbunden ist, dürfte uns allen klar sein.

Ich denke in diesem Zusammenhang beispielsweise an den Ankauf oder Tausch von Flächen für eine

Renaturierung incl. der Baumaßnahmen damit die Bleiche, Nidder und alle anderen Bäche und Flüsse in ihrem natürlichen Verbreitungsraum ihre ursprüngliche Aufgabe erfüllen können, die Pflanzung eines Apfelbäumchens für den Hausgarten, die Planung und der Bau von Grünbrücken über Verkehrswege, Erforschung erneuerbarer Rohstoffe und klimaneutraler Energiequellen und die effiziente Wiederverwendung bereits genutzter Materialien. Die Liste wäre unendlich zu erweitern und dient dem Zweck, Ressourcen zu schonen und die Artenvielfalt mit unterschiedlichster Genetik zu erhalten.

Alle Lebensräume und Lebewesen unsrer Erde sind miteinander verknüpft, ähnlich eines großen Netzes, welches den Globus umspannt. Wenn dieses Netz Löcher bekommt, d.h. Lebensräume zerstört werden oder Arten vom Aussterben bedroht sind, so ist es an uns, diese Löcher mit aller Kraft, aber wenigstens wieder praktikabel zu flicken, auch wenn der Faden dazu dünn und dürftig wirkt. Ich spreche hier von dem berühmten seidenen Faden, an dem die Hoffnung hängt...! Zur Vernetzung von Lebensräumen und Austausch genetischer Vielfalt dienen eben diese schon erwähnten Grünbrücken und das Apfelbäumchen, vielleicht sogar auf der erhaltenen, und nicht so sauber gepflegten Streuobstwiese am Dorfrand, in weniger ertragreichen Ecken des Jagdreviers oder in dem Anlegen von Feldholzinseln, Flachwasserteichen oder Sonstigem.

Hier reihen sich auch nahtlos die Abholzungen und Brandrodungen der Urwälder in Afrika, Südamerika, dem Balkan und Sibirien, ebenso das Trockenlegen von Sümpfen und Mooren weltweit, ein. Die schändliche Landnahme für riesige Industrieanlagen o.ä. incl. der dazu benötigten immensen Trinkwassermengen zum Betrieb dieser Anlagen werden uns spätestens in den nächsten Generationen schmerzlich treffen. Über das Abtauen von Permafrostregionen und deren Folgen bei der rapide fortschreitenden Erderwärmung rede ich hier erst mal gar nicht Eigentlich sollte umweltfreundlich, ressourcenschonend und klimaneutral produziert werden. Aber uns geht es noch gut, die Autos werden zwar zunehmend elektrisch, aber es ginge generell doch bestimmt auch zwei Nummern kleiner...! Unser Denken sollte nicht in Richtung … „das kann ich mir doch leisten!" sondern … „was brauche ich tatsächlich?" gehen. Die Natur wird es uns reichlich danken, aber nicht inform von Geld und Renditen...! und den Profitgeiern sei gesagt: Das letzte Hemd hat keine Taschen..,!

Noch in den Neunzigern fragte mich ein Präsidiumsmitglied des NABU Hessen, warum mir die Arterhaltung des Niederwildes in meiner Heimat so nahe am Herzen läge. Ich entgegnete darauf: Wenn unser Rebhuhn speziell, aber auch Hase, Ente und Fasan hier genügend Nahrung und Deckung finden, dann ist unsere Umwelt hier ebenfalls in Ordnung und die Natur einigermaßen im Gleichgewicht. Dies waren damals, eigentlich auch überzeugend, im

Kleinen große Worte gelassen ausgesprochen, aber sie trafen den Kern der Sache. Einige, und gar nicht so wenige unsrer Jägerinnen und Jägern, haben sich schon seit vielen Jahren dem Rebhuhn und seinem Lebensraum in der flachen Agrarsteppe der Wetterau und des Vogelsbergrandes verschrieben. Sie schaffen Hand in Hand mit anderen Naturschutzverbänden Lebensräume und legen, teils sogar wissenschaftlich begleitet, Biotope an. Sie vernetzen, strukturieren und betreiben aktive Hege. … und das machen sie bestimmt nicht, um irgendwann ein Hühnchen oder eine Schnepfe mit der Flinte vom Himmel zu holen...!

„Wenn ihr mal nicht weiter wisst, so beginnt bei den Römern oder Griechen...!" So lernten wir es irgendwann mal in der Schulzeit. Ich greife jetzt aber noch etwas weiter zurück, um das Verhältnis Jagd, Naturschutz und Schöpfung etwas näher und mit den Augen eines Jägers zu betrachten.

Der erste Jäger war kein Mensch, aber der erste Mensch war ein Jäger! ...ein Satz, über den unsere überwiegend urbane Gesellschaft ernsthaft nachdenken könnte … und auch sollte!

Lange vor unsrer Zeit haben Menschen - es könnte schon der Homo Sapiens, der Neandertaler oder die Mischform, der wir angehören - Bilder in ihre Höhlen gemalt und geritzt, die ihre Beutetiere weit über das eigene Tun stellten. Dieses bejagte Tier wurde zweifelsohne abgebildet, weil der Jäger Macht über es erhalten, es besitzen wollte, und die Gottheit, die dieses Tier schützte, für sich gnädig stimmen wollte. Damit, so denke ich, sind auch erste Anzeichen von Mythos und Religion im Umfeld der Jagd zu finden.

Auch die Wurzeln unserer Verständigung oder Sprache liegen im Jagdverhalten mit Anordnungen an die Gruppe der mitjagenden Sippenmitglieder, sie mussten sich des Erfolges und Überlebens Willen mit Zurufen verständigen und sich in die Gruppe einordnen. In dieser Frühzeit trugen die Jäger vor allen Dingen große Verantwortung, denn nur ihr Jagderfolg sicherte das Überleben der Sippe oder des Stammes. Ötzi, der Gletscherfund der Neunziger, war ein solcher ranghoher Jäger, allerdings schon etwas neuerer Zeitrechnung, wie die Utensilien, die er bei sich trug, zweifelsfrei belegen und beweisen.

Interessant ist auch, dass dann, als die Jagd nicht mehr überlebenswichtig war, sie nicht an kulturellem Wert verloren, sondern im Gegenteil stark zugelegt hat und als Kulturgut absolut schützenswert ist. In sämtlichen Hochkulturen war sie durch alle Schichten vertreten und diente der Sinnesschärfung und der Ertüchtigung. Auch viele privilegierte Kirchenfürsten machten sich das in der Vergangenheit zu Eigen.

Da das Tier in der generellen Auffassung der damaligen Zeit nicht als Lebewesen sondern als Objekt angesehen wurde, finden sich hier viele Auswüchse, die nicht unserer heutigen

242

Ethikauffassung entsprechen. Ich meine die Tierquälerei bei der Haltung heutzutage, die eingestellten Jagden oder die Hetzjagden des Mittelalters! ...unvorstellbar, wie viele gequält und bestialisch getötet wurden, nur um der „höheren" Gesellschaft oder dem Pöbel ein Schauspiel zu liefern! ... Aber das hatten wir auch schon zu Zeiten Roms.

Gegen Mitte des 18. Jahrhunderts setzte sich Gott sei Dank das Wissen durch, dass Tiere auch Schmerz empfinden, und auch die Verantwortung des Menschen gegenüber der Natur wurde deutlich sichtbar. Es waren die Förster und Jäger in einer Person, nämlich der holz- und hirschgerechte Jäger, der dieses neue Wissen in sein Handeln übertrug, nachhaltige Forstwirtschaft und eine Ethik nicht nur begründete sondern sie auch schriftlich fixierte. Daraus sind unsere Jagd- und Naturschutzgesetze entstanden. Vieles hat in Anpassung an wissenschaftliche Erkenntnisse bis heute uneingeschränkte Gültigkeit.

Diese angesprochene Ethik ist eine Verantwortungsethik. Ethik hat nichts mit Gefühlen, hochgeistigen Sprüchen, Gehabe und Trieben zu tun, sondern ausschließlich mit Taten. Wir entscheiden. Wir handeln endgültig. Wir töten. Wir übernehmen im erweiterten Sinn auch die Aufgabe von Luchs, Bär, Uhu, Adler und Wolf, denn für sie ist der Lebensraum in unserem kleinen, ausgemergelten Europa mittlerweile viel zu klein und von uns

Menschen zu sehr eingeengt. Ja, ich jage und töte. Bei diesem Tun empfinde ich sehr oft auch Freude, nämlich Freude darüber, dass es mir gelungen ist, das Wildtier mit seinen weitaus besseren Sinnen mit meinen geringen Mitteln zu überlisten. Auch freue ich mich über die Auswahl des erlegten Stückes, sei es nach der gesetzlichen Vorgabe, oder was für mich viel wichtiger ist, so gehandelt zu haben, wie es ein Beutegreifer getan hätte. Natürlich halten wir uns dabei an die verordneten Schonzeiten und hauptsächlich an den Schutz der Elterntiere. Und ich freue mich auch darüber, wenn wieder einen besonderes Stück Fleisch auf dem Teller liegt, und somit der natürliche Kreislauf von Kommen & Gehen, Saat & Ernte geschlossen ist.

Denken wir an die unsäglichen Qualen, wenn Tiere über tausende Kilometer durch Hitze und Kälte zusammengepfercht durch die Kontinente gekarrt werden, um in Hinrichtungsstätten in engen Kanälen ihrem industriellen Ende entgegen geschleust zu werden. Wie viel „besser" geht es jetzt dem Reh, welches im selbstbestimmten Dasein in Ruhe zur Äsung ausgetreten ist oder gerade durch den Bestand wechselt und dort nichtsahnend von meiner Kugel in Millisekunden auf die Himmelsleiter gestellt wird. Darüber kann ich mich dankbar freuen und in Ehrfurcht vor der Schöpfung dem Stück den „letzten Bissen" in den Äser stecken. Stressfrei ist es gestorben, sauber wird aufgebrochen, zerlegt und auf den Tisch gebracht. Ja, wir dürfen Fleisch essen, so wie es uns von der Evolution vorgegeben wurde, allerdings mit Maß und Ziel und unter ethischen Regeln.... und irgendwo hörte ich vor noch gar nicht allzulanger Zeit auch etwas von „Tierwohl"...!?

Was hat dies alles mit dem Heiligen Hubertus zu tun? Hubertus von Lüttich, später Bischof von Lüttich, lebte von 655 bis 727, ist der Schutzpatron der Jäger. Diesen Status bekam er aufgrund einer Legende, wonach er an einem Karfreitag bei einer langen, wilden Hetzjagd zu Pferde endlich den auserkorenen weißen Hirsch schussgerecht vor seinem Bogen hatte. Der Hirsch wandte sich nun, des Hetzens müde, seinem Widersacher zu und zeigte die Breitseite, trotzig erhaben, aber bereit zum Sterben. Auf dem Haupt des Hirsches erschien dem Jäger in diesem Moment ein leuchtendes Kreuz zwischen den Stangen. Hubertus stieg ergriffen vom Pferd, rief seine Bracken ab, kniete demutsvoll nieder und schwor diesem Tun ab. **So wollte er nicht mehr jagen**. Dieses „So" ist für mich das Schlüsselwort der Hubertuslegende! ...und wenn ich diesen Faden weiter spinne, so kommt mir unsere **Erde** in den Sinn. Da stellt sich mir jetzt die Frage, ob wir sie nicht in unseren Hegeauftrag mit einbeziehen sollten...?
Hubertus war im Mittelalter! Wie ich schon erwähnte reifte dann später um 1750 die Erkenntnis, dass Tiere Mitgeschöpfe sind und auch Schmerzen verspüren. Lediglich das Bewusstsein des Todes kennen sie nicht, so vermute ich. Sie „ahnen" vielleicht nur, da ist etwas! Ihr angeborener Fluchtreflex und die Furcht vor Feinden resultiert m. E. aus erlittenen

Schmerzen und hat sich im Lauf der Evolution zum Selbstschutz umgebildet. Aus diesen Gedanken und Einsichten heraus sollten wir Jäger das erlegte Wild als Gabe oder Geschenke einer höheren Macht ansehen, die wir ehrfurchtsvoll entgegen nehmen dürfen.

Zum Abschluss möchte ich euch noch eine kleine Geschichte erzählen, die ich selber erlebt habe, und die meine Ausführungen passend, so denke ich, ergänzt. Hin und wieder wird man unbewusst auf ein Faktum hingewiesen, dass es tatsächlich oder vermeintlich eine höhere Instanz gibt, die sich von uns nicht veräbbeln lässt. (Siehe auch Kapitel 13)

Meine Obsternte wird nicht nur als Lagerobst verwendet, sondern passenderweise auch mal eingemaischt. Vor einigen Jahren reichte es für einen Birnenbrand. Da mein langjähriger Schnapsbrenner aus Altersgründen sein Geschäft aufgegeben hatte, brauchte ich Ersatz. Zufällig entdeckte ich die Nummer von R, der einen Destillationsbetrieb hatte. Der Brenntermin wurde festgelegt und die Maische angeliefert. Dabei stellte ich nach einigem Stöbern und Durchforsten meiner grauen Gehirnzellen fest, dass besagter R als Jungjäger bei mir vor vielen Jahren seinen ersten Fuchs erlegte. Nach dem erfolgreichen Jagen reichte er dann einen eigenen Obstbrand in die Runde. Das klare Waidmannsheil, natürlich linkshändig getrunken, schmeckte köstlich.

Bei besagten Brennvorgang, bei dem ich zugegen

sein durfte, saßen wir im birnenduftgefüllten Brennraum. Erlebtes und die alten Zeiten zogen an uns vorüber. Seine Enkel sind etwas älter als die Meinen. Auch sie sind in den Kreislauf ewigen Kommens und Gehens bewusst eingebunden und wissen ebenfalls, dass wir Wildbret essen dürfen, und dass es eine besondere Gabe Gottes ist.

Dies wiederum ist die Überleitung zu folgender Begebenheit: R war mit seinem älteren Enkel zum Ansitz. Sie sitzen und sitzen...! Irgendwann kommt Langeweile auf. Da meinte der Knirps flüsternd: „Opa, bete doch einfach mal zu Diana, damit sie uns ein Reh schickt!" Verdutzt über die freimütige Aussage des Siebenjährigen faltete der Großvater die Hände und sprach gedämpft die Bitte um ein Reh zu Diana. Sie hatte augenscheinlich tatsächlich in der späten Dämmerung ein Einsehen und im Knall verendete ein Jährlingsböckchen auf der Rückeschneise vor ihnen. Das darauf folgende Dankeszeremoniell mit dem „letzten Bissen" war nicht nur Ritual.

Einige Monate danach saß ich nach Wildschweinen im schönen Bukasi-Land an. Der Mond spendete gutes Licht und ich harrte der Dinge, sie da inform von Sauen kommen sollten. Mehrere Käuzchen um mich herum verkürzten mir das Warten und machten es zum Erlebnis. In Gedanken an Gott und die Welt kam mir das Stoßgebet von R. in den Kopf. Ob das auch bei mir klappt?

Halbherzig zwinkernd flüsterte ich nun den Wunsch nach einem Schweinchen in den zunehmenden

Dreiviertelmond, also sinngemäß zu Diana. Den Eulen war denn meine Gesellschaft doch zu unheimlich und schaukelten lautlos ab. Gar nicht lange danach steht urplötzlich, wie von Geisterhand hingezaubert, eine einzelne Sau sichernd breit vor mir auf dem schmalen Waldweg. Kein Knack, kein Laut, kein Vogelschlag hatte sie angekündigt. Während des bedächtigen Griffes zur Waffe neben mir verschwindet sie gespenstig schemenhaft und für mich unerreichbar im rechten Bestandesdunkel. Minuten später überfällt sie viel weiter unten das Gestell entgegengesetzt und ist endgültig weg. Da hat es mir Diana aber heftig gegeben...! Häme und Spott verträgt sie nicht!!

Ich wünsche allzeit guten Anblick und ein kräftiges Waidmannsheil.

Abschließend möchte ich noch anfügen...

Diese gedruckten Zeilen in beiden Bänden sind im erweiterten Sinn auch Zeitdokumente, entstanden einerseits auf Anregungen einiger Freunde, die ab und an bei den geschilderten Begebenheiten zugegen waren. Andrerseits wäre es bestimmt auch schade, wenn dieses tatsächlich Erlebte sang- und klanglos in der Versenkung verschwinden würde. Der Blick in das gelebte Waidwerk des bestätigten Jagdaufsehers wirft vielleicht auch ein anderes Licht auf unseren grünen Lebensinhalt. Es ist mir aber auch ein besonderes Anliegen, meinen Enkeln diese Facette des Opas aufzuzeigen.

Nachfolgend genannte Persönlichkeiten hatten großen Einfluss auf mein Jägerleben und dadurch kausal auch auf die Entstehung dieser Bücher. Es klingt das „Große Halali" über ihren Gräbern; verbunden mit einem herzlichen Waidmannsdank für eine wundervolle Zeit an die inzwischen verstorbenen Jagdfreunde Karl Erk, Gustav Östreich, Willi Kötter, Adolf Hübner, Dieter Mühlig, Hermann Walter, Karl-Horst Reuter und Lothar Fahlteich, auch für die vielen unvergessenen Stunden in jagdlicher Gemeinsamkeit.

Für aufrichtige Jagdfreundschaft und kameradschaftliche Aufnahme auch in ihren Revieren geht ein herzliches Waidmannsdank an Günter Neumann, Andreas Schimmelpfennig, Otto Jehner, Heinz Elbracht und Horst Schmidt. Hilfreich mit positiver Kritik und wertvollen Tipps bei der Entstehung dieses Werkes standen mir meine Ehefrau, meine Tochter, Sina Emrich, Jasmin Schreiber und Jürgen Wirtz zur Seite.

Das ist des Jägers Ehrenschild,
damit er hegt und schützt das Wild,
jagt, wie es sich gehört und
den Schöpfer im Geschöpfe ehrt!

© 2025 Friedrich Karl Nickel
Verlag: BoD · Books on Demand GmbH,
In de Tarpen 42, 22848 Norderstedt,
bod@bod.de
Druck: Libri Plureos GmbH,
Friedensallee 273, 22763 Hamburg
ISBN: 978-3-8482-4150-7